Susanne Neumann

Frau Neumann haut auf den Putz

Susanne Neumann
mit Andreas Hock

FRAU NEUMANN HAUT AUF DEN PUTZ

Warum wir ein
Leben lang arbeiten
und trotzdem
verarmen

Lübbe

Dieser Titel ist auch als E-Book erschienen

Originalausgabe

Copyright © 2017 by Bastei Lübbe AG, Köln
Textredaktion: Anne Büntig
Umschlaggestaltung: Manuela Städele-Monverde
Titelfoto: © Manfred Esser, Bergisch Gladbach
Satz: hanseatenSatz-bremen, Bremen
Gesetzt aus der Aldus LT STD
Druck und Verarbeitung: CPI books GmbH, Leck – Germany
Printed in Germany
ISBN 978-3-7857-2584-9

5   4   3   2   1

Sie finden uns im Internet unter: www.luebbe.de
Bitte beachten Sie auch: www.lesejury.de

Ein verlagsneues Buch kostet in Deutschland und Österreich jeweils
überall dasselbe. Damit die kulturelle Vielfalt erhalten und für die
Leser bezahlbar bleibt, gibt es die gesetzliche Buchpreisbindung. Ob
im Internet, in der Großbuchhandlung, beim lokalen Buchhändler, im
Dorf oder in der Großstadt – überall bekommen Sie Ihre verlagsneuen
Bücher zum selben Preis.

Inhalt

1.

»Warum bleibt ihr dann bei den Schwatten?« – Meine kleine Frage und ihre großen Folgen

Ehrlich gesagt verstand ich gar nicht, warum plötzlich der völlige Wahnsinn über mich hereinbrach. Ich hatte diese kurze Frage ausgesprochen, die meiner Ansicht nach vollkommen logisch war. Vorher hatte ich bereits eine ganze Menge anderer Dinge gesagt, die mir genauso logisch erschienen, und auch danach fuhr ich damit fort. Ich sagte zum Beispiel: »Man muss die Agenda 2010 endlich umkehren.« Oder: »Es kann nicht sein, dass Leiharbeit zu einem Zwei-Klassen-System führt, weil der eine Bandarbeiter mehr Stundenlohn bekommt als der Kollege direkt neben ihm.« Oder: »Wer immer nur einen befristeten Arbeitsvertrag kriegt, der kriegt auch keinen Mietvertrag und keinen Kredit.«

Das alles wusste ich aus eigener Erfahrung. Und ich sagte es, weil ich auf einer Bühne saß und vor mir ein Pult aufgebaut war, auf dem groß und breit das Wort »Gerechtigkeit« stand. Genau darum sollte es hier gehen – jedenfalls hatte die SPD mich zu dieser so genannten »Wertekonferenz Gerechtigkeit« in ihre Berliner Zentrale eingeladen. Also ging ich davon aus, dass vor allem dieses wichtige Thema hier behandelt wurde: »Gerechtigkeit«. Damit kannte ich mich nun wirklich aus, nach über 36 Jahren als Putzfrau. Genauer gesagt kannte ich mich mit dem Gegenteil davon aus: mit der ganzen Ungerechtigkeit, die es bei uns gab – in unserem Land im Allgemeinen und in meinem Job und dem Niedriglohnsektor im Besonderen.

Wer wie ich täglich von früh bis spät malochte und aus nächster Nähe mitbekam, wie schwer es manche fleißigen Kollegen inzwischen hatten, ihre Miete zu bezahlen oder für ihre Kinder etwas Anständiges zum Essen oder zum Anziehen zu kaufen; wer dabei zusah, wie ganz normale Menschen nach vielen Jahrzehnten übler Plackerei geradewegs auf die Altersarmut zusteuerten, der hatte in Sachen »Gerechtigkeit« schon ein bisschen was zu melden.

Die Zuhörer im Foyer des Willy-Brandt-Hauses schienen zu verstehen, was ich meinte. Denn jedes Mal, wenn ich mit einem meiner Sätze fertig war, klatschten sie. Das war zwar nicht meine Absicht gewesen, aber es machte mich natürlich stolz: Immerhin saßen im Publikum auch Leute, die ich bis dahin nur aus dem Fernsehen kannte. Manuela Schwesig zum Beispiel, die Bundesfamilienministerin. Und Albrecht Müller, der schon für Helmut

Schmidt im Bonner Kanzleramt die Fäden gezogen hatte. Ich lag womöglich nicht ganz so falsch mit meinen Ausführungen, wenn sogar die junge Schwesig und der alte Müller mir zustimmten.

Nur der SPD-Chef Sigmar Gabriel hatte anscheinend wenig Ahnung von »Gerechtigkeit«. Oder er hatte einfach seine Hausaufgaben nicht gemacht. Er saß links neben mir und erzählte eine Menge Blödsinn. Er redete davon, dass er die SPD in Teilen für zu akademisiert halte und dass ihm das auf die Nerven ginge, obwohl er selbst bekanntermaßen Germanistik auf Lehramt studiert hatte. Er berichtete, dass er es schade finde, dass sich keine Betriebsräte aus den klassischen Arbeitervierteln mehr in den sozialdemokratischen Gremien engagierten und dass er jetzt selber in einer Gegend für Bessergestellte lebte. Und er verkündete, dass seine Partei die Regelung zur sachgrundlosen Befristung von Arbeitsverträgen eigentlich habe wieder abschaffen wollen, weil sie uns Arbeitnehmer vor allem im Dienstleistungssektor brutal benachteilige. Bloß, dass das leider nicht ginge, weil man ja mit der doofen CDU regieren müsse.

Daraufhin sagte ich eben diesen Satz: »Warum bleibt ihr dann bei den Schwatten[1]?«

---

[1] Bedeutet »Schwarze« in der Umgangssprache des Ruhrgebiets. Für Wörter, die außerhalb des Ruhrgebiets eher ungebräuchlich und unverständlich sind, finden Sie jeweils eine Erklärung in einer Fußnote.

Die Frage, die für die meisten Anwesenden in diesem Moment so lustig rüberkam, war mein bitterer Ernst. Ich fand schon die Bilanz der ersten Großen Koalition unter Angela Merkel ziemlich enttäuschend, was vor allem die Entwicklung am Arbeitsmarkt und das soziale Gleichgewicht in unserem Land anging. Nach vier in dieser Hinsicht wirklich verheerenden Jahren Schwarz-Gelb hoffte ich anfangs jedoch stark, dass in der neuen politischen Konstellation für die einkommensschwachen Menschen anständigere Bedingungen geschaffen werden konnten, dass weniger ältere Leute in die Armut rutschten und dass jenen Arbeitgebern, die ihre Mitarbeiter nach Strich und Faden ausnutzten und bei jeder Gelegenheit über den Tisch zogen, der Garaus gemacht werden würde. Aber leider täuschte ich mich!

Die Kürzungen bei der Unterstützung von Langzeitarbeitslosen wurden nicht zurückgenommen, wie das von der SPD noch im Wahlkampf lautstark gefordert worden war. Von der von Gabriel und seinen Parteifreunden viel bejubelten Rente mit 63 profitierten unterm Strich vor allem Gutverdiener und Männer. Das Mindestlohngesetz bot den Betrieben noch immer genug Schlupflöcher, um ihren Mitarbeitern am Monatsende sogar weniger Kohle in die Lohntüte stecken zu müssen als vorher. Stattdessen stritten sich die Sozen mit ihrem Koalitionspartner über solchen Quatsch wie die Pkw-Maut oder eine Kaufprämie für Elektroautos. Das musste man nicht verstehen.

Dabei schien ich längst nicht die Einzige zu sein, der das alles ein bisschen zu wenig Engagement war für eine Partei, die viele Jahrzehnte stolz darauf gewesen war, sich vorwiegend für die einfachen Leute einzusetzen. Dumm war daran, dass genau diese einfachen Leute, zu denen ich mich ebenfalls ganz ohne Gejammer zählte, vieles eben vollkommen anders sahen als die Funktionäre. Anders war es kaum zu erklären, dass die SPD seit Jahren in den Umfragen bei knapp 20 Prozent herumdümpelte. Das jedenfalls wusste ich. Und auch sonst kannte ich mich ein wenig mit Zahlen und Fakten aus. Das wiederum wusste Herr Gabriel offensichtlich nicht.

Dabei war ich exakt drei Wochen zuvor bei *Anne Will* in der ARD zu Gast gewesen. Der Titel der Sendung lautete »Heute kleiner Lohn, morgen Altersarmut – Versagt der Sozialstaat?«, und außer mir waren der Chef des Instituts für Wirtschaftsforschung da, ein Journalist von der Frankfurter Allgemeinen, irgendein geschniegelter Jungunternehmer – und Hannelore Kraft. Ich saß da also in einer Runde mit lauter redegewandten, klugen Menschen, die ich allesamt nicht kannte, sowie einer sozialdemokratischen Ministerpräsidentin, die später versuchen sollte, sich auf meine Kosten zu profilieren.

Vielleicht fragen Sie sich jetzt, was eine gewöhnliche Putzfrau aus Gelsenkirchen erst bei Anne Will im Fernsehen zu suchen hat und kurz darauf auf der Wertekonferenz der SPD in der Bundeshauptstadt. Genau dasselbe fragte ich mich natürlich auch, obwohl diese beiden Auftritte nicht einmal die ersten Male waren, dass ich mit dem ganz großen Politiktheater und seinen Darstellern in Berührung kam. Und deshalb will ich erstmal erklären, wie es dazu kommen konnte, dass jemand wie ich, für den sich im Normalfall rein gar niemand von den Wichtigen und Mächtigen interessiert, auf einmal vor ein paar Millionen Zuschauern ihre ehrliche Meinung loswerden durfte.

Ich hatte nie das Abitur gemacht, geschweige denn ein Studium absolviert. Und ich konnte mich sicherlich auch nicht so gewählt ausdrücken wie all die Lobbyisten, Funktionäre und Mandatsträger, bei denen die meisten Zuschauer nach zehn Minuten trotzdem geistig komplett abschalten, weil sie nicht mehr kapieren, worum es eigentlich geht. Ich war nur eine kleine Arbeiterin, die immer versucht hat, sich und ihre Familie einigermaßen über Wasser zu halten. Aber dafür besitze ich 'ne verdammt große Klappe, die ich nicht halten kann, wenn ungerechte Dinge in meinem Umfeld passieren.

Das war schon zu meiner Schulzeit so gewesen: Als einer meiner Lehrer auf dem Pausenhof rauchte, was für uns Schüler streng verboten war, machte ich beim Direktor Halligalli: Ich setzte mich mit Nachdruck dafür ein, dass auf dem Hof gleiches Recht für alle zu gelten habe – ganz egal, ob dann alle rauchen durften oder keiner. Am Ende durfte keiner mehr auf dem Hof rauchen. Später kämpfte ich in der Penne meiner Töchter dafür, dass die vorgesehenen Elternsprechstunden nicht ständig abgesagt werden, sondern endlich stattfinden. Ab einem gewissen Punkt in meinem Leben habe ich immer den Mund aufgemacht, auch wenn es kein anderer tat. Diese Eigenschaft führte irgendwann dazu, dass ich begann, mich neben meinem Job gewerkschaftlich zu engagieren.

Die Gewerkschaft, die für meine Belange zuständig war, war die IG BAU, was nicht nur für den Bau-Sektor stand, sondern genauer gesagt »Industriegewerkschaft Bauen – Agrar – Umwelt« bedeutete. Diese Gewerkschaft setzte sich nicht nur – wie ursprünglich von mir vermutet – für Dachdecker, Maler oder Betonmischer ein, sondern eben auch für Gebäudereiniger, wie meine Branche offiziell hieß. Genau genommen war mein Beruf nämlich nicht bloß ein bisschen Wisch-und-weg-Trallafitti[2], sondern ein echter Handwerksberuf, zahlenmäßig sogar der größte in Deutschland: Jeder vierzigste hiesige Arbeitnehmer ist gegenwärtig in diesem Gebäudereiniger-Handwerk tätig. Das klingt erstmal ganz nett, tatsächlich jedoch arbeiten viele unserer knapp

---

[2] Vergnügen

860 000 Beschäftigten in einer Art modernem Sklavenhandel, dessen Arbeitsbedingungen oft unter aller Kanone sind. Und da konnte man doch nicht ruhig bleiben, wenn man das ganze Unrecht aus nächster Nähe mitbekam, das, was wir da unten ausbaden mussten, damit die da oben von ihren rund 16 Milliarden Euro Umsatz jährlich möglichst viel behalten konnten. Zumindest ich konnte das nicht, auch wenn mir das im Laufe meines Berufslebens eine Menge Ärger eingebracht hat.

In meinem Fall führte mich das Schicksal beziehungsweise der Putz-Job eines Tages direkt in das Gelsenkirchener Gewerkschaftshaus. Wie das genau zustande kam, dazu später mehr. Jedenfalls machte ich die Büros der örtlichen DGB-Offiziellen sauber, die der IG Metall-Kollegen und eben auch die Räume besagter IG BAU, die allesamt in dem grauen Kasten an der Overwegstraße untergebracht waren. Als ich dort anfing, herrschten draußen im Land die Zeiten der großen Arbeitskämpfe. Nahezu in allen Branchen wurde regelmäßig für mehr Geld und weniger Arbeit gestritten, begleitet von einer breiten Berichterstattung in der Presse.

Das Spiel ging jedes Mal so, dass die Gewerkschaften ihre Muckis zeigten und dicke Forderungen stellten, welche die Arbeitgeber natürlich empört ablehnten. Dann wurde gestreikt, und irgendwann traf man sich in irgendeinem Kongresshotel zu Schlichtungsgesprächen, die häufig mit einem Händedruck der Unterhändler vor der *Tagesschau*-Kamera und einem anständigen Ergebnis für die Arbeitnehmer endeten. Bei den Druckern wurden so Stück für Stück die schlimmen Arbeitsbedingungen verbessert, die Stahlindustrie führte stufenweise die 35-Stunden-Woche ein, und im öffentlichen Dienst gab es zum Teil zweistellige Lohnerhöhungen. Nur bei uns Gebäudereinigern tat sich in dieser Hinsicht nix.

Eine Zeitlang sah ich mir das mit an. Ich persönlich war nicht unzufrieden mit meiner Tätigkeit, aber erstens war mein Lohn schon immer sehr schmal. Und zweitens bekam ich jede Menge Schikanen mit, denen viele meiner Kolleginnen jeden Tag ausgesetzt waren. Rein statistisch gesehen waren zwar nur etwas mehr als die Hälfte der Gebäudereiniger Frauen. Weil unter diesen Sammelbegriff aber auch vorwiegend männliche Berufe wie Fensterputzer, Schädlingsbekämpfer oder Fassadenpfleger fielen, lag der Frauenanteil im reinen Putzbereich bei über 80 Prozent – verbunden mit einem recht hohen Ausländeranteil. Hier bei uns landeten also naturgemäß viele Menschen, die diese Arbeit nicht machen wollten, sondern machen mussten. Was es wiederum mit sich brachte, dass bei vielen von uns immer eine riesengroße Angst bestand, auch noch diese oftmals letzte Möglichkeit zu verlieren, wenigstens ein bisschen Kohle zu verdienen. Irgendeine andere, die den Job übernehmen würde, fand der Chef schließlich immer.

Diese traurige Tatsache zog auf der Arbeitgeberseite einige schwarze Schafe an. Obwohl es bei uns vordergründig um ein Höchstmaß an Sauberkeit ging, handelte es sich bei näherem Hinsehen um eine verdammt dreckige Branche, deren Konzerne mit allen fiesen Tricks und kleinen Schweinereien agierten, die man sich vorstellen konnte – oder besser gesagt: die man sich eigentlich nicht vorstellen mochte. Im Laufe der Jahrzehnte lernte ich Vorgesetzte kennen, die langjährigen Mitarbeiterinnen Auflösungsverträge vorlegten und diese in dem Glauben ließen, sie unterschrieben gerade ihren Urlaubsschein. Es gab Geldprämien, wenn man sich nicht von der Gewerkschaft anwerben ließ oder umgehend wieder dort austrat. Unverhohlene Drohungen, das Schüren von Furcht und Unsicherheit und alltägliche Provokationen waren ebenso an der Tagesordnung wie absolute Unzumutbarkeiten bei der Einteilung von Schichten – beispielsweise bei jungen Müttern, die ihre Kinder nicht mehr versorgen konnten, weil sie auf einmal frühmorgens und spätabends putzen sollten. Das alles führte dazu, dass gerade einmal jede achte Frau in diesem Berufszweig gewerkschaftlich engagiert war.

Also trat wenigstens ich mit meiner frechen Schnauze bei meinem Arbeitgeber in den Betriebsrat ein und begann, mich im Laufe der Jahre immer stärker für meine Mädels und ihre Rechte einzusetzen – was dummerweise bedeutete, mich bei den Chefs langsam, aber sicher so unbeliebt zu machen wie nur möglich. Einer der großen Vorteile dieser ehrenamtlichen Tätigkeit war allerdings, dass ich dadurch in den Genuss zahlreicher Fortbildungen kam. Die Verantwortlichen bei der IG BAU hatten meine große Klappe nämlich irgendwann auch bemerkt und schickten mich auf Seminare, auf denen es um Rhetorik ging oder Sprachführung und natürlich um das Verständnis der großen politischen Zusammenhänge. Ich mochte zwar nicht viel Schulbildung genossen haben, aber ich war schon immer ein politisch sehr interessierter Mensch. Also nahm ich die Angebote dankend an. Dadurch wurde zwar keine große Rednerin aus mir und auch keine Intellektuelle. Aber zumindest jemand, der selbstbewusst genug war, sich in einer Auseinandersetzung nicht mit Scheinargumenten oder Plattheiten abspeisen zu lassen, sondern dem Gesprächspartner stattdessen eigene Argumente entgegenzusetzen.

Das alles war kein Zuckerschlecken, weil ich stets vollschichtig gearbeitet habe. Während Otto Normalarbeitnehmer nach Feierabend in die Kneipe ging und sich auf ein oder zwei Pilsken mit seinen Kumpels traf und Brigitte Mustermann daheim das Abendessen für ihren Göttergatten und die gemeinsamen Racker zubereitete, bevor man sich gemeinsam auf die Couch setzte und *Dallas* oder den *Denver-Clan* glotzte, marschierte ich ins Gewerkschaftsbüro und kümmerte mich um den ganzen Schreibkram, den es dort zu erledigen galt. Die Wochenenden waren dann oft durch die vielen Kurse belegt. Die mangelnde Freizeit brachte es aber mit sich, dass ich mir innerhalb meiner Fachgruppe einen gewissen Namen machte und irgendwann sogar deren Vorsitzende wurde. Und auf einmal, im Herbst 2009, schlug meine große Stunde!

Es fanden wieder einmal endlose Tarifgespräche zwischen der IG Bau und den Arbeitgebern statt, die vom Bundesinnungsverband vertreten wurden. Die Parteien saßen sich schon seit Januar gegenüber, ohne sich irgendwie einigen zu können. Und wie in den Jahren zuvor beachtete die Öffentlichkeit kaum diese Verhandlungen, obwohl sich die Rahmenbedingungen für uns deutlich verschlechtert hatten. Nicht nur, weil die Bundesregierung durch veränderte Gesetze den großen Reinigungsfirmen noch mehr Schlupflöcher für ihre Gemeinheiten gegeben hatte. Sondern schlichtweg auch, weil uns die Wirtschaftskrise mit voller Härte traf: Wo nicht mehr produziert oder sonst wie gearbeitet wurde, da musste logischerweise auch nicht mehr geputzt werden. Und unterm Strich ging es ja »nur« um Menschen, die in unserer gesellschaftlichen Hierarchie sowieso ganz unten angesiedelt sind: um Menschen wie mich, die dafür sorgten, dass es für die zahllosen Hotelgäste, Büroangestellte, Ärzte, Lehrer, Supermarktkunden und viele andere mehr tagtäglich ordentlich und aufgeräumt aussah.

Auch deshalb gingen die Arbeitgeber damals sehr arrogant in die Verhandlungen und waren siegessicher, dass unsere Seite wie üblich über kurz oder lang einknicken und ihr Angebot für eine Lohnerhöhung annehmen würde. Die letzte überaus »großzügige« Geste des Entgegenkommens bedeutet umgerechnet 19 Cent mehr – was gerade mal den Gegenwert eines halben Brötchens beim Discounterbäcker darstellte. Das konnte freilich höchstens ein schlechter Witz sein angesichts der Tatsache, dass die meisten durchschnittlichen Stundenlöhne in den Zeiten vor dem gesetzlichen Mindestlohn nur bei mickrigen 6 Euro lagen. Doch unsere Lobby hielt sich auch innerhalb des großen DGB eher in Grenzen. Wer interessierte sich schon für ein paar kümmerliche Gebäudereiniger, wenn man an anderer Stelle den ganz dicken Aufschlag machen konnte, bei dem die Politik schnell an die Vernunft beider Seiten appellierte und die Bosse im TV ein Interview nach dem anderen abgeben konnten? Jedenfalls wurden die Gespräche im August ergebnislos abgebrochen, und zum 1. Oktober lief der bisherige Tarifvertrag aus.

Dann aber passierte Erstaunliches: Urplötzlich begann sich die Presse für uns zu interessieren – und unser bislang kaum beachtetes Anliegen wurde öffentlich. Immer mehr Medien sprangen auf den Zug auf und berichteten über die schwierigen Bedingungen, unter denen auch die meisten jener bemitleidenswerten Geschöpfe leiden mussten, die frühmorgens oder spätabends ihre Redaktionen saubermachten. Mancher Journalist kam nun sogar extra früher ins Büro und fragte mal bei der ihm bislang völlig unbekannten türkischen, bosnischen oder auch deutschen Arbeiterin nach, die seit Jahren seinen Papierkorb leerte, den Schreibtisch abwischte oder den Flur bohnerte. Es erschienen Artikel, die das 19-Cent-Angebot als »Frechheit« oder »Farce« bezeichneten und Reportagen über den schwierigen Alltag einer Putzfrau. Aus den bis dato weitgehend ignorierten Tarifverhandlungen wurde der »Aufstand der Unsichtbaren«.

Das gefiel mir. Wenn wir jetzt nur durchhielten, konnten wir diesmal vielleicht wirklich etwas Großes erreichen. Bei mir herrschte eine innere Aufbruchsstimmung. Die Schwierigkeit lag nur darin, möglichst viele meiner Gefährtinnen in die gleiche Gemütslage zu bringen, was aber einer wahren Herkulesaufgabe gleichkam. Erstens waren bei uns – wie schon gesagt – im Vergleich zu den meisten anderen Branchen ohnehin nur sehr wenige Mitarbeiter und Mitarbeiterinnen gewerkschaftlich organisiert. Und selbst von diesen paar Kollegen machten sich viele in die Buxe, dass ihr Arbeitsplatz bei einem Streik eher früher als später über die Wupper ging. Wie gesagt: Wenn's darum ging, uns allen das Leben schwerzumachen, kannte die Kreativität der meisten Arbeitgeber keine Grenzen.

Vor diesem düsteren Hintergrund trommelte ich Tag

und Nacht für eine Urabstimmung, die den Weg für einen Streik ebnen sollte. Ich führte nach meiner eigentlichen Arbeit mehr Gespräche als jede Angestellte von der Beschwerdestelle der Deutschen Bahn! Jede einzelne Arbeiterin musste ich geduldig davon überzeugen, dass für uns nun die Zeit gekommen sei, um Flagge zu zeigen und erstmals für unsere Belange zu kämpfen. Ich versuchte, meinen Mädels immer wieder Mut zu machen und behutsam ihre bestehenden Ängste abzubauen. Wenn wir jetzt wieder einknicken, dann würden wir es niemals schaffen – das spürte ich ganz deutlich. Wahrscheinlich würden die Arbeitsbedingungen dann noch katastrophaler werden. Nach unfassbar anstrengenden Wochen des endlosen Zuredens, in denen ich spätabends nicht mehr sprechen konnte, weil ich mir zuvor den Mund fusselig gequatscht hatte, geschah ein kleines Wunder: Die Urabstimmung wurde mit sagenhaften 96,7 Prozent Zustimmung angenommen. Wir Gebäudereiniger würden nun flächendeckend in den Ausstand treten, um gegen unzumutbare Zustände in den Firmen, Lohndumping und die immer stärker um sich greifende Auslagerung von Arbeitnehmern in eigens gegründete Leiharbeitsfirmen zu demonstrieren. Das war ein Ding! Bislang hatte diesen Schritt noch kein Putzfrauengeschwader gewagt.

Der Weg für den ersten unbefristeten Putz-Streik in der Geschichte der Bundesrepublik war folglich frei –

und Susi Neumann hatte mit ihrer Beharrlichkeit einen nicht ganz unerheblichen Anteil daran. So doof sich das in diesem Zusammenhang anhören mag, aber ich war in diesem Augenblick richtig glücklich. Doch es gehörte zu den Eigenheiten meines Lebens, dass immer, wenn es bei mir mal richtig gut zu laufen schien, irgendwas dazwischenkam. In diesem Fall wollte ich gerade pflichtbewusst den Efeu herausreißen, der unverschämterweise unmittelbar vor einem wahrhaft historischen Streik die Fassade meines Arbeitsplatzes zuwucherte, als ich eine unbedachte Bewegung machte. Ich wusste nicht, wie mir geschah, aber mir knallte auf einmal eine Metallstange auf den Fuß.

Erst wurde mir schwarz vor Augen, dann schlagartig speiübel, und kurz darauf zitterte mein ganzer Körper. Ich fiel beinahe in Ohnmacht, aber ein paar Minuten später war der Spuk halbwegs vorbei. Also schüttelte ich mich, atmete tief durch und machte mich wieder an die Arbeit. Das Auftreten tat jetzt zwar höllisch weh, aber ich war mir sicher, dass diese Schmerzen von alleine wieder verschwinden würden.

Nach Feierabend schleppte ich mich umgehend ins Bett, um am nächsten Tag wieder fit für den Job und natürlich auch für unseren Arbeitskampf zu sein. Als ich so dalag, erschöpft an die Decke starrte und mein Fuß noch immer heftig vor sich hin pochte, warf ich sicherheitshalber doch mal einen kurzen Blick mein Bein entlang ganz nach unten. Genau das wollte ich eigentlich vermeiden – in der vagen Hoffnung, dass am Morgen alles wieder gut sein würde, wie auch immer das funktionieren sollte. Doch leider konnte ich das nun ausschließen, denn mein Fuß war inzwischen ungefähr doppelt so groß wie normal. Um festzustellen, dass das Ding gebrochen war, dafür musste man kein Arzt sein!

»Tja, Schatz, dat is' klar: Für dich ist der Streik vorbei«, sagte mein Mann Bernie zu mir und blickte mich mitleidig an. »Du hast gez'nen Krankenschein.«

Nun war und ist das Arbeitskampfrecht eine komplizierte Angelegenheit. Klar war allerdings, dass ich es unter gar keinen Umständen riskieren konnte, keine Kohle mehr zu bekommen, sprich: keine Lohnfortzahlung im Krankheitsfall zu erhalten. So dicke hatten wir es leider nicht, zumal sich sowohl der Streik als auch die Heilung meines kaputten Mittelfußknochens über Wochen hinziehen konnte. Doch wenn es blöd lief, musste ich zur Wahrung meiner Ansprüche meinem Arbeitgeber gegenüber formell schnellstmöglich eine Beendigung meiner Teilnahme an jeglichen Protest-Aktionen erklären – und natürlich ein ärztliches Attest vorlegen. Damit säße ich dumm zu Hause herum, während meine Mädels dafür stritten, was im Grunde genommen ich ihnen mit eingebrockt hatte. Binnen einer Dreiviertelstunde telefonierte ich alles an Rechtsberatung ab, was die IG BAU zu bieten hatte und noch wach war. Danach hatte ich die erlösende Auskunft: Ich durfte weiterhin mitmachen.

Allerdings hatte ich nach meinem Besuch im Krankenhaus am nächsten Morgen einen fetten Gips, der auch noch mein Bein zierte, als ich ein paar Tage später meinen großen Auftritt im öffentlich-rechtlichen Frühstücksfernsehen hatte. Diese Einladung war zwar mal 'ne Hausnummer, aber meine Premiere als Fernsehgast war auch das nicht: Für Anne Will und Sandra Maischberger hatte ich nochmals einige Zeit zuvor in deren Sendungen über das Thema Mindestlohn zwei Mal die Quoten-Putzfrau gegeben.

In Erinnerung geblieben ist mir davon vor allem die Talkshow von Frau Will – auch, weil ich hier das allererste Mal in meinem Leben in einem Luxus-Hotel übernachten durfte: Die Produktionsfirma buchte mich damals ins »Regent« am Gendarmenmarkt ein. Das Hotel hatte wahrscheinlich mehr Sterne als der Große Wagen, und ich bin da in Jeans und T-Shirt eingelaufen wie zum Brötchenholen. Trotzdem wollte mir ein junger Mann in einem Frack den Koffer abnehmen, und im Badezimmer sah es aus wie in einem Kosmetiksalon, so viele kleine Fläschchen standen da rum. Meine Aufregung wollte sich bei diesem Empfang nicht legen, mir ging ganz schön der Stift. Vom opulenten Room-Service, der den anderen Gästen Leckereien unter silbernen Hauben auf die Zimmer brachte, bekam ich nichts mit. Ich bat lediglich um eine Kanne Kaffee, bevor mich der Fahrdienst abholte und zum Studio brachte. Generell hatte ich kein gutes Gefühl, in solch einem noblen Haus zu übernachten. Aus meiner beruflichen Praxis wusste ich, dass normalerweise auch dort, wo die Suiten 280 Euro und mehr kosteten, die Zimmermädchen gerade mal 1,70 Euro pro Raum bekamen. Aber das nur am Rande.

Meine Nervosität erreichte ihren Höhepunkt, als ich im Adlershof eintraf, wo sich die Aufnahmeräume von *Anne Will* befanden. Ich hatte einen Knoten im Hals und einen Doppelknoten im Magen. Doch beide Blockaden lösten sich beinahe wie von selbst, denn zu meinem großen Glück waren Günther Oettinger und Wolfgang Clement ebenfalls in der Sendung, zwei aufgeblasene Herren ganz nach meinem Geschmack. Der Oettinger guckte mich vorher in der Garderobe nicht mit dem Hintern an und tat dann in der Show so, als sei er mein bester Kumpel. Und von Clement hielt ich sowieso nix mehr, seit er sich seinen Abgang aus der Politik und den Austritt aus der SPD mit einem Dutzend Pöstchen hat vergolden lassen. Dabei war er einer der Architekten der »Agenda 2010« und hat dadurch die soziale Spaltung unserer Gesellschaft massiv vorangetrieben. »Wasser predigen und Wein saufen« war schon immer ein Charakterzug, den ich ebenso wenig leiden konnte wie Arroganz.

Wegen des Verhaltens dieser beiden Berufs-Talker war es mir möglich, auf einmal von »hypernervös« in den Angriffsmodus zu schalten. Vielleicht unterschätzten die mich auch einfach alle. Dass ich Flure wischte und Büros putzte, bedeutete jedoch noch lange nicht, dass ich doof war. Durch mein gewerkschaftliches Engagement kannte ich mich politisch recht gut aus und wusste auch um die schmutzigen Tricks, die seit Gerhard Schröders Arbeitsmarktreformen auf dem Rücken von Geringverdienern und Arbeitslosen ausgetragen wurden. Und wenn mir so ein Filzkopp wie Clement mit seinen statistischen Erfolgen daherkam, dann konterte ich eben mit Fakten: Ich wusste nur zu gut, dass jeder Arbeitslose, der in einer Umschulungsmaßnahme steckte, ebenso aus den offiziellen Zahlen herausgerechnet wurde wie Ein-Euro-Jobber, Aufstocker, chronisch Kranke oder ältere Menschen, die aufgrund ihrer Unvermittelbarkeit zwangsverrentet wurden. Da konnte man auf die rund 2,6 Millionen offiziellen Arbeitslosen locker mal ein Milliönchen draufrechnen – die sogenannte »stille Reserve«, jene 300 000 Frustrierten, die sich vor lauter Enttäuschung gar nicht mehr registrieren ließen, noch gar nicht mit eingeschlossen.

Während der 60 Sendeminuten gab ich dem Clement also so gut wie möglich Kontra und beachtete den Oettinger einfach nicht weiter. Ich hatte unterm Strich ordentlich Redezeit und verkaufte mich offenbar gar nicht schlecht. Die Reaktionen auf meinen Einsatz jedenfalls waren sowohl vonseiten der Redaktion als auch von meinen Freunden und Bekannten, die sich per SMS bei mir meldeten, allesamt recht positiv. Nach meiner Rückkehr ins »Regent« schlief ich wirklich gut. Ob's am superbequemen Bett lag oder daran, dass der ganze Druck von mir abgefallen war, konnte ich nicht abschließend beurteilen.

Nach der Ausstrahlung der Sendung war ich anscheinend in irgendeiner Kartei für unbequeme Talkshow-Gäste gelandet. Und wahrscheinlich nur aufgrund dessen fragte anlässlich des Streikaufrufs das *ZDF-Morgenmagazin* in unserem Gelsenkirchener Gewerkschaftsbüro an, ob sie diese vorlaute Frau Neumann, die offenbar den gegenwärtigen Aufstand mit zu organisieren half, denn nicht noch einmal nach Berlin schicken könnten, um den Fernsehzuschauern zu erklären, worum es dabei eigentlich ging.

Das *MoMa* flößte mir noch deutlich mehr Respekt ein als meine bisherigen TV-Auftritte. Denn nun ging es nicht darum, ein paar hochbezahlte Apparatschiks in die Schranken zu weisen, sondern um mein ureigenes Herzensanliegen. Wenn ich jetzt versagte oder gar unsympathisch rüberkam, schadete ich unserer ganzen Bewegung. Das hätte ich mir nie verziehen. Bernie und die Jungs von der IG BAU redeten mir einen gesamten Tag lang gut zu, gingen mit mir jede Menge Pro- und Contra-Argumente durch und nötigten mich schließlich, die Einladung anzunehmen. Im Grunde genommen hatte ich ja auch nichts zu verlieren: Wenn's gut lief, dann konnte ich vor einer Million Leuten Werbung für unsere begründeten Forderungen machen. Und wenn nicht, hatte wohl jeder Verständnis dafür, dass sich eine einfache Putzfrau aus dem Ruhrpott nicht so professionell präsentierte wie ein fernseherfahrener Politpromi.

Zum *Morgenmagazin* flog ich zum ersten Mal überhaupt mit einem Flugzeug, was meinem erneuten Fracksausen nicht unbedingt entgegenwirkte. In der Nacht vor meinem Einsatz schlief ich kaum eine Minute, trotz eines abermals sehr bequemen Bettes, das sich diesmal nicht im »Regent« befand, sondern in einem anderen vornehmen Hotel in Berlin-Mitte, in dem Leute meiner Kragenweite ansonsten eher nur zum Arbeiten ein und aus gingen.

Unabhängig von der Aufregung nervte mich zudem mein bescheuerter Gips, der mich in meiner Mobilität massiv einschränkte und der meine Schmerzen nicht wirklich verringern konnte. Mein Arzt hatte mich vor der Abreise noch ermahnt, den Fuß so gut wie möglich zu kühlen, um die Beschwerden zu lindern. Wie aber sollte ich das in einem Flugzeug oder einem Hotelzimmer bewerkstelligen?

Am nächsten Morgen bekam ich unerwartet Gelegenheit dazu: Wir schrieben den allerersten Streik-Tag, der jemals in diesem Handwerk auf deutschem Boden durchgeführt wurde. Und dieser geschichtsträchtige Tag fand mitten im Oktober bei sagenhaften null Grad Celsius statt. Die Temperaturen aber spielten keine Rolle: Allein auf der Ausstandsliste der Hauptstadt standen 15 einzelne Objekte – darunter das Paul-Löbe-Haus, das Berliner Abgeordnetenhaus, der BND, das Rathaus Schöneberg oder die Hauptverwaltung der Berliner Stadtreinigung.

Mag sein, dass wir von manch einem irritierten Angestellten belächelt wurden, als wir uns um Punkt 5 Uhr morgens an diesem schweinekalten Morgen vor der Technischen Universität zu unserer Hauptkundgebung versammelten, mit Schrubbern, Staubwedeln und Besen in der Hand. Aber wenn an einem stark frequentierten Ort mit Hunderten oder Tausenden Mitarbeitern und Besuchern stundenlang keine Klos mehr gewischt wurden, dann würde auch einem bis dahin vollkommen gleichgültigen Zeitgenossen klar werden, wie wichtig unsere Arbeit für ein funktionierendes Zusammenleben ist. Selber Ordnung halten können oder vielmehr wollen die meisten Menschen nämlich nicht – zumindest nicht, wenn sie sich außerhalb ihrer eigenen vier Wände befanden!

Mein Gipsfuß war jedenfalls ausreichend kalt, als ich kurz vor sieben vor dem Studio des *ZDF-Morgenmagazins* Unter den Linden eintraf – obwohl ihn mittlerweile eine dicke rote Socke zierte sowie ein runder Sticker mit dem Aufdruck »Dieses Objekt wird bestreikt«. Ich fand das ziemlich lustig, war mit dieser Meinung aber leider weitgehend alleine.

Die Stimmung drinnen war schon vor meinem Auftritt genauso frostig wie das Wetter draußen, zumindest von Seiten der Moderatorin Dunja Hayali, die mich ihre Abneigung vom ersten Moment an spüren ließ. Nachdem ich kurz geschminkt und während des Wetterberichts ohne große weitere Erläuterungen auf die Gesprächscouch gesetzt worden war, machte sie von vornherein keinen Hehl daraus, was sie von unseren Forderungen hielt: wenig bis gar nix.

»Was ist das denn für ein Mist, den ihr da veranstaltet?«, blaffte sie mich an, als die Kameras noch aus waren.

Ich verstand nicht, warum eine an sich kluge Journalistin solch eine vorgefasste Meinung hatte, noch bevor ich irgendwas dazu sagen konnte. Aber ich legte durch ihre negative Herangehensweise abermals meine Nervosität ab und schaltete auch dieses Mal um in den Neumann'schen Kampfmodus, der mir schon bei *Anne Will* meine fünf Buchstaben gerettet hatte. Frau Hayali übernahm also unfreiwillig und, ohne es zu wissen, die Rolle von Herrn Clement und Herrn Oettinger – und begann grimmig, ihren Text vom Teleprompter abzulesen. Sie endete mit der provokativen Frage:

»Sie verlangen 8,7 Prozent mehr Lohn, mitten in der Wirtschaftskrise. Finden Sie das nicht unverschämt?«

»Sehen Sie«, sagte ich und freute mich über meinen nun deutlich angenehmeren Ruhepuls. »Umgerechnet auf unseren Stundenlohn sind das 71 Cent. Das momentane Angebot der Arbeitgeber liegt bei 19 Cent. Damit können Sie sich nicht mal ein Brötchen kaufen! Meinen Sie wirklich, dass das zu viel ist?«

Natürlich antwortete sie nicht darauf. Was sollte sie auch sagen, wo ihr Gehalt als bekanntes ZDF-Gesicht doch vermutlich das Vielfache vom Lohn einer normalen Putzfrau betrug. Stattdessen las sie noch eine Spur gereizter gleich die nächste Frage vor.

»Ihre Gewerkschaft hat einen Organisationsgrad von 12,5 Prozent. Wie wollt ihr denn da überhaupt einen echten Streik hinbekommen?«

»Wenn ich den organisiert bekomme, der das Licht ausmacht, dann reicht mir das«, sagte ich – und war selber erstaunt, dass mir das soeben eingefallen war.

In diesem Stile ging es noch eineinhalb Minuten weiter. Am Ende des Gesprächs war Dunja Hayali erkennbar beleidigt, aber ich war zufrieden. Wir verabschiedeten uns kühl, und auf dem Weg zum Auto guckte ich auf mein Handy, auf dem bereits ein gutes Dutzend SMS eingelaufen waren. Ich ging sie im Schnelldurchlauf durch, doch nach allem, was ich auf den ersten Blick sah, lobten mich die Absender weitgehend. Hatten sich die ganzen Seminare doch gelohnt, dachte ich nur und war ein klitzekleines bisschen stolz auf mich.

In einem gewissen Sinne hatte Frau Hayali natürlich recht: Aufgrund unseres niedrigen Organisationsgrades konnten wir nicht ganze Kommunen lahmlegen, wie das etwa die Kollegen von der Stadtreinigung regelmäßig machten, wenn es im öffentlichen Dienst zur Sache ging. Unsere Taktik war stattdessen, immer wieder kleine Nadelstiche zu setzen, indem wir Betriebe genau so lange bestreikten, bis der eilig von den Reinigungsfirmen beauftragte Ersatztrupp anrückte. In diesem Moment übernahmen wir wieder die Lappen und Staubsauger, und die Arbeitgeber hatten die doppelten Kosten an der Backe. Doch das war freilich nur ein Teil der Taktik. Für ein möglichst großes Echo mussten wir nicht nur in Berlin, sondern auch andernorts auf die Straße gehen.

Und genau das taten wir auch. Einen Tag nach der so seltsamen wie für mich erfolgreichen Nummer im *Morgenmagazin* musste ich weiter nach München, wo eine große Demo der bayerischen Gebäudereiniger stattfinden sollte. Wir hatten zuvor intern besprochen, dabei weniger auf langweilige Schilder und Transparente zu setzen, wie das die Männer meistens taten, wenn sie mit dicken Backen und knalligen Parolen für ihre Belange protestierten. Hier jedoch waren fast ausschließlich durch das echte Leben gestählte Frauen am Start, und die konnten so einen Protest auf jeden Fall humorvoller gestalten als die Jungs: Wofür arbeiteten wir schließlich mit Utensilien, die sich prima für unsere Zwecke umfunktionieren ließen? Also marschierten wir mit Klobrillen um den Hals und Klobürsten in der Hand durch die City der bayerischen Landeshauptstadt, bis wir vor der altehrwürdigen Bavaria angekommen waren, die oberhalb der Theresienwiese als riesige Statue thront. Da die Dame als offizielle Schutzpatronin dieses Bundeslandes vermutlich ebenfalls eine Menge Schlachten zu schlagen hatte, fand ich diese Örtlichkeit sehr passend. Nur dass wir statt Waffen Besenstiele schwangen oder mit Kehrschaufeln klapperten und einen ordentlichen Krach mit Putzeimern machten.

Das alles gab witzige Bilder ab, viel wichtiger aber war: Unser ernstes Anliegen ließ sich dadurch deutlich wirkungsvoller veranschaulichen. Die Menschen, denen der durchschnittliche Lohn einer gewöhnlichen Putzfrau vorher am Allerwertesten vorbeigegangen war, schauten auf einmal genauer hin, wofür die Frauenzimmer da so einen Rabatz machten. Die gesamte Angelegenheit war ordentlich in Bewegung geraten. Und ausgerechnet ich war so etwas wie eines der Gesichter dieses außergewöhnlichen Streiks geworden. Auf einmal interessierten sich ein paar durchaus wichtige Leute für mich. Das war eine feine Sache – nicht, weil ich mich wichtigmachen wollte, sondern weil ich so am allerbesten für unsere Ziele werben konnte.

Eine Woche später trafen sich Arbeitgeber und Gewerkschaftsvertreter nochmals zu geheimen Verhandlungen in Frankfurt. Die letzten Tage hatten offenbar Eindruck hinterlassen, denn die Arroganz der Gegenseite war deutlich geringer geworden. Bis tief in die Nacht wurde um Zehntelprozentpunkte gefeilscht, Zettel wurden hin- und hergereicht und Vier-Augen-Gespräche in separaten Räumen geführt. Am Ende stand eine Lohnerhöhung von 3,1 Prozent im Westen und 3,8 Prozent im Osten ab Januar 2010 sowie eine weitere Erhöhung von 1,8 Prozent beziehungsweise 2,5 Prozent im Jahr darauf. Was aber beinahe noch wichtiger war als diese Prozente: Die Stundenlöhne der niedrigsten Tarifgruppe wurden auf 8,55 West und 7 Euro Ost festgelegt. Theoretisch würde künftig keine Putzfrau mehr weniger verdienen dürfen. Wir hatten schon damals, weit vor der gesetzlichen Regelung durch die Große Koalition zum 1. Januar 2015, praktisch unseren brancheneigenen Mindestlohn.

Jene denkwürdigen Wochen des Jahres 2009 haben uns Gebäudereinigern nicht nur ein ordentliches Plus im Geldbeutel verschafft. Ich bin mir auch sicher, dass der Streik und seine Folgen alle Putzfrauen in diesem Land ein kleines Stück selbstbewusster gemacht haben – selbst die, die nicht gewerkschaftlich organisiert waren und es bis heute nicht sind. Es war das erste Mal, dass die wichtigsten Medien im größeren Stil über diese Berufsgruppe berichtet haben. Und ich, die kleine Reinemacherin aus Gelsenkirchen-Horst, durfte auf einmal im Konzert der Großen ein bisschen mitklimpern. Dat war schon dufte. Allerdings hatte ich mit dieser Episode längst abgeschlossen, als mich die Redaktion von *Anne Will* fast sieben Jahre später wieder aus der Schublade holte.

»Heute kleiner Lohn, morgen Altersarmut – Versagt der Sozialstaat?« – diesmal traute ich mir von vornherein zu, dazu meinen Senf vor der Kamera abzugeben. Denn der Sozialstaat versagte tatsächlich, wenn es darum ging, Menschen wie mir einen würdigen Lebensabend zu ermöglichen. Es gab verschiedene Berechnungen, inwiefern sich das Problem in den kommenden 20 Jahren verschärfen wird; der WDR zum Beispiel rechnete neulich aus, dass im Jahr 2030 jeder zweite deutsche Rentner seinen Lebensunterhalt nicht mehr mit seinen Altersbezügen alleine bestreiten kann. Und selbst, wenn es nicht ganz so dramatisch kommt: Fakt ist, dass sich die Zahl derer, die über 65 sind und Grundsicherung beziehen, seit 2003 von 258 000 auf 536 000 mehr als verdoppelt hatte.

Für den Auftritt hatte ich mir extra einen Tag Urlaub genommen. Mit meiner Freundin Christel, die mit mir in meiner Fachgruppe zusammenarbeitete, setzte ich mich ins Auto, und wir düsten in Richtung Berlin. Natürlich war ich auch dieses Mal ordentlich nervös, aber mit Christel an der Seite sollte es irgendwie gehen. Blöd war nur, dass ich mir wahrscheinlich nicht so einfach ein Feindbild aufbauen konnte wie bisher, das mir helfen würde, den inneren Susi-Schalter von Abwehr auf Angriff umzulegen: Die anderen Gäste sagten mir nix, und Hannelore Kraft fiel als natürliche Gegnerin aus – immerhin war sie die Ministerpräsidentin meiner Heimat und dazu vermutlich auch jemand, der sich eher für die kleinen Leute einsetzte anstatt für die Großverdiener, so wie einst Oettinger und Clement.

Frau Kraft begegnete mir in der Maske. Sie wurde gerade zurechtgemacht, als mich der zuständige Redakteur zu ihr in den Raum schob. Obwohl wir beide uns noch nie persönlich über den Weg gelaufen waren, kannte sie mich anscheinend, was mich ein wenig wunderte. Zumindest tat sie so, denn sie begrüßte mich betont freundschaftlich und versuchte, mich gleich auf ihre Seite zu ziehen.

»Susanne, wir müssen zusammenhalten«, sagte sie. »Wir beide kämpfen doch an derselben Front.«

Ich wusste nicht recht, was ich darauf sagen sollte. Mit dem, was ihre Partei gerade so trieb, war ich eigentlich nicht einverstanden. Von »einer Front« konnte man von daher eigentlich nicht sprechen. Aber ich wollte nicht unhöflich sein, also sagte ich nix. Die Sendung selber verlief etwas seltsam: Statt um Altersarmut wie angekündigt ging es vorwiegend um Bildungspolitik, und ich kam mir gelegentlich vor wie im falschen Film. Aber wenigstens bekam ich die Gelegenheit, eine meiner absoluten Grundüberzeugungen zu erläutern: dass man von einer anstrengenden und zeitintensiven Arbeit doch heutzutage verdammt nochmal leben können muss.

Nachdem die Aufnahme vorbei war, saßen wir noch gemütlich in kleiner Runde zusammen und tranken ein Gläsken Wein. Die Stimmung war gelöst, meine Anspannung fiel ab, und irgendwann erzählte ich Hannelore Kraft mehr aus Spaß, mit dem Gedanken zu spielen, Mitglied in der Partei zu werden, der sie auch angehörte.

»Warte mal, ich hab' immer ein Formular dabei«, sagte sie, wühlte in ihrer Handtasche und holte tatsächlich einen etwas gammeligen Wisch hervor, auf dem oben das rote SPD-Logo sowie in großen Buchstaben das Wort »Beitrittserklärung« zu lesen war. Sie drückte ihn mir in die Hand. Er war noch nicht mal aktuell, denn man konnte keine IBAN-Nummer darauf eintragen, sondern nur die alten Kontodaten mit Bankleitzahl. Besonders viele Mitglieder konnte Frau Kraft in letzter Zeit also noch nicht angeworben haben.

Eigentlich wollte ich mich ja von niemandem vor den Karren spannen lassen. Mein Standpunkt war und ist aber trotzdem, dass man nicht immer nur zu Hause auf der Couch sitzen und über den ganzen Mist meckern darf, den die da oben verbocken. Sondern dass man eben selber in die Puschen kommen muss, wenn man mit der

Politik und all ihren Protagonisten ein Hühnchen zu rupfen hat. Mir war allerdings bewusst, dass solche Organisationen mit all ihren Abteilungen und Referaten, ihren Verbänden und Bezirken Gefahren bargen. Ich wusste aus meiner gewerkschaftlichen Arbeit schließlich nur zu gut, dass einigen Menschen Macht selbst auf der untersten Ebene nicht bekam.

Ich las mir den Aufnahmeantrag durch und begann, ihn auszufüllen. In diesem Augenblick zückte Frau Kraft ihr Smartphone und erzählte irgendwas von einem Tagebuch. Ich schenkte dem Ganzen keine große Beachtung. Wenn sie mich unbedingt in ihr Tagebuch aufnehmen wollte, dann sollte sie das tun. Sie war ja nicht nur eine Politikerin, sondern auf jeden Fall auch meine Landesmutter, da konnte ich ihr kaum verbieten, dass sie die ein oder andere persönliche Begegnung für ihre Aufzeichnungen festhielt.

Als Christel und ich zurück im Hotel waren, piepte mein Handy im Minutentakt. Eine SMS nach der anderen traf ein.

»Du bekloppte Kuh«, las ich da.

»Wie kannst du das machen?«

»Das hätten wir nie von dir gedacht.«

»Ausgerechnet zu diesem Blödverein, du bist doch echt bescheuert.«

Erst da begriff ich, dass Hannelore Kraft vorhin mit ihrem Telefon ein Video gedreht hatte, das sie auf ihrer

Facebook-Seite – oder wat weiß ich wo – hochlud, sodass zigtausende Menschen dabei zusahen, wie ich zu einer Genossin wurde. Ich ärgerte mich zwar sehr über diese unabgesprochene Vereinnahmung, beschloss aber, den ganzen Quatsch nicht weiter ernst zu nehmen. Stattdessen legte ich mich schlafen, und am nächsten Morgen fuhren meine Freundin und ich die 500 Kilometer von Berlin bis nach Gelsenkirchen wieder nach Hause.

Wir waren gerade mitten auf der A2 in Höhe Braunschweig, als mein Handy klingelte.

»Hier ist das Büro des SPD-Vorsitzenden«, sagte eine freundliche Stimme, die vermutlich zu einem jungen Mann gehörte. Christel sah mich irritiert an, und ich stutzte auch. Wat wollte der denn von mir?

»Frau Neumann, würden Sie sich denn mal mit Herrn Gabriel unterhalten?«

Ich verstand immer noch nicht, was das Ganze sollte, aber wahrscheinlich hatten die Mitarbeiter des SPD-Vorsitzenden das Video von der Kraft auch gesehen. Na, die müssen es wirklich nötig haben, dachte ich, wenn die jedem, der gerade in den Laden eingetreten ist, gleich ein Gespräch mit dem Chef anbieten.

»Warum nicht?«, antwortete ich. Ich kannte den Mann zwar nicht, und in der Partei war ich ebenfalls noch nicht, aber ich konnte mir ja mal anhören, was er zu sagen hatte. Ich würde ja sicherlich nicht alleine mit ihm sprechen, insofern bereitete mir das Angebot auch keine Bauchschmerzen. Angst vor hohen Tieren hatte ich sowieso noch nie!

»Wann soll dat denn sein, dat Gespräch?«, fragte ich, während Christel meinen Kalender aus meiner Handtasche holte und mich immer noch ungläubig anguckte.

»Das wäre am 9. Mai bei uns in Berlin«, sagte die Stimme. »Hier im Willy-Brandt-Haus.«

Das war zwar schon in drei Wochen, aber ich blickte zu Christel, sie nickte, also sagte ich zu.

»Ach so, eins noch. Es geht um eine Wertekonferenz, die wir in unserer Partei-Zentrale veranstalten«, bekam ich zur Auskunft. »Das ist für Sie doch in Ordnung?«

Weil ich mir darunter jedoch nichts vorstellen konnte, dachte ich auch nicht weiter darüber nach, was das denn sein sollte, eine »Wertekonferenz«.

»Meinetwegen«, sagte ich.

»Sie hören von uns«, verabschiedete sich der junge Mann und legte auf. Christel und ich fuhren weiter, und als wir in Gelsenkirchen angekommen waren, hatte ich den Anruf fast schon wieder vergessen. In den nächsten Tagen verschwand das komische Telefonat komplett aus meinem Kopf – auch, weil ich entgegen der Ankündigung rein gar nix mehr aus der SPD-Zentrale hörte.

Erst ein paar Tage vor dem 9. Mai fiel mir beim Blick in meinen Terminplaner diese ominöse Konferenz wieder ein. Ich beschloss, sicherheitshalber mal nachzuhaken, ob ich denn nun immer noch nach Berlin fahren sollte – und wenn ja, was ich dort überhaupt für einen Auftrag hatte. Zum Glück war die einzige Nummer mit einer 030er-Vorwahl noch in meiner Anrufliste auf dem Handy, also wählte ich sie und hörte erneut die freundliche Stimme von der A2.

»Schön, dass Sie anrufen, Frau Neumann«, sagte der Mann. »Wir wollten uns eh bei Ihnen melden.«

»Na, Sie sind gut«, sagte ich. »Dat is' am kommenden Montag, und heute ist Donnerstag. Ich brauch' langsam mal ein paar Infos von euch, wie die ganze Schose abläuft!«

»Nun, wie Sie wissen, geht es um das Interview auf unserer Wertekonferenz.«

»Momentchen mal«, unterbrach ich die Stimme. »Wat für'n Interview?«

»Hat man Ihnen das nicht gesagt? Der Vorsitzende möchte auf der Bühne ein Interview mit Ihnen führen …«

Oha, dachte ich. Das wird bestimmt was Größeres. Davon war aber nie die Rede gewesen.

»… und wir haben rund 800 Anmeldungen.«

Scheiße, dat war auf jeden Fall was Größeres! Und ich dusselige Kuh hatte geglaubt, dass ich und ein paar andere Neu-Mitglieder ein nettes Gespräch mit dem Ober-Genossen führen würden, bei einem Tässchen Kaffee, herzlich willkommen in der SPD und so. Aber von einem Interview vor 800 Leuten konnte ich beim besten Willen nicht ausgehen.

»Außerdem wird die Konferenz live im Fernsehen übertragen.«

Jetzt bekam ich endgültig Schnappatmung.

»Passen Sie mal auf«, sagte ich zu dem jungen Mann aus dem Willy-Brandt-Haus, der mir gerade eben den Schock des Jahres verpasst hatte. »Ich meld' mich in einer halben Stunde wieder bei Ihnen.«

»Ist in Ordnung«, antwortete die Stimme.

Ich rief umgehend Petra an, eine meiner engsten Freundinnen, und erzählte ihr von der Geschichte.

»Susi, der Schuh is' echt 'ne Nummer zu groß für dich. Lass dat mal lieber sein«, sagte Petra, und ich befürchtete, dass sie recht hat. Aber ich wollte noch eine zweite Meinung einholen. Also fragte ich Martin, einen jungen Sekretär bei der IG BAU, was er von der Sache hielt.

»Naja, wenn das eine hinkriegt, dann doch du. Ich an deiner Stelle würd' mir das nicht entgehen lassen.«

Nun stand es 1:1, was die Meinungen anging, ob ich mir das wirklich antun sollte. Es half nix: Nun musste mein Mann entscheiden.

»Wat haste denn zu verlieren?«, fragte Bernie, als ich ihm den Sachverhalt schilderte – und das stimmte eigentlich. So wie im *Morgenmagazin* damals, als ich der berühmten Journalistin Dunja Hayali gegenübersaß, konnte jemand wie ich doch nur gewinnen – selbst, wenn ich nur Blech erzählen oder den Mund gar nicht aufbekommen sollte, wobei ich letzteres Risiko als eher gering einstufte.

Ich wählte wieder die 030er-Nummer und sagte zu. Ich nahm mir vor, in den kommenden 72 Stunden alles zu pauken, was an politischen Themen gerade aktuell war – keinesfalls wollte ich komplett blank dastehen und mich vor Gabriel blamieren. Also las ich Artikel über den Streit um TTIP, Grün-Schwarz in Baden-Württemberg – und eine Umfrage, wonach die AfD nur noch fünf Prozentpunkte hinter der SPD lag. Ziemlich schnell wurde mir klar, dass ich gar nicht all das aufholen konnte, was ich in den letzten paar Monaten womöglich nicht mitbekommen hatte. Ich ließ die Lernerei wieder sein und beschloss, dass das komische Interview ohne große Vorbereitung meinerseits über die sprichwörtliche Bühne gehen musste. Wenn es denn überhaupt noch stattfand, denn in den vergangenen Tagen mehrten sich die Rücktrittsgerüchte um Sigmar Gabriel.

Doch der Mann war noch im Amt, als ich an jenem Montagmorgen aus dem Taxi stieg, das mich vom Hotel zum Willy-Brandt-Haus in der Wilhelmstraße fuhr. Diesmal hatte niemand Zeit gehabt, mich nach Berlin zu begleiten. Weder Christel noch Petra oder Bernie bekamen einen Tag Urlaub, und so stieg ich eine halbe Stunde vor dem vereinbarten Termin mutterseelenallein vor dem unförmigen Glaskasten mit der roten Fahne auf dem Dach aus. Und auch hier erwartete mich weit und breit keiner. Ich wollte nicht einfach in das Haus hineinspazieren, deshalb setzte ich mich erstmal auf eine schmale Fensterbank an der Seite des Gebäudes. Außer ein paar Reportern war offenbar noch niemand da. Ein Kameramann setzte sich zu mir und fragte mich nach einem Feuerzeug.

»Na, haste auch kein Bock auffe Scheiße da drinnen?«, fragte ich ihn, nachdem wir beide uns ein Zigarettchen angezündet hatten.

»Da kannste mal von ausgehen«, sagte der Kameramann und lachte. »Ist doch immer dasselbe hier in Berlin: Erst einen auf dicke Hose machen, Hauptsache viel Presse und so – und am Ende kommt ja doch nix bei rum.«

Ich stimmte ihm vorbehaltlos zu, und nachdem ich fertig geraucht hatte, entschied ich mich, mich doch mal umzusehen, wo ich denn nun hinmusste.

»Gibt's hier denn noch einen zweiten Eingang?«, fragte ich den Kameramann zum Abschied.

»Klar – dort hinten. Aber der ist nur für Politiker«, sagte der und lachte wieder.

Genau dort ging ich hin.

»Tut mir leid, hier dürfen Sie nicht rein«, sagte eine Frau von einem Sicherheitsdienst zu mir, nachdem ich mich vorgestellt hatte. »Sie müssen vorne rein.«

»Aber ich soll da mitmachen«, entgegnete ich, und die Frau fing an zu telefonieren. Plötzlich erschien eine

andere Frau und stellte sich als Mitarbeiterin des Partei-
vorstands vor. Sie ging mit mir ins Haus, plauderte ein
bisschen mit mir, und schließlich fuhren wir in einem
gläsernen Fahrstuhl ganz nach oben – begleitet von einer Handvoll Sicherheitsleute, die anscheinend aufpass-
ten, dass ich keinen Schmonsens machte. Als wir in der
sechsten Etage angekommen waren, empfing uns die
Sekretärin von Herrn Gabriel und machte einen ange-
spannten Eindruck. Vielleicht war diese Rücktrittskiste
doch noch nicht vom Tisch.

»Es dauert noch einen Moment«, sagte die Sekretärin,
und ich setzte mich sicherheitshalber auf ein Sofa, das
auf dem Flur herumstand.

Zehn Minuten später kam Sigmar Gabriel aus seinem Büro und lief zu mir herüber. Er lächelte.

»Du willst sicher Tacheles mit mir reden«, sagte er
und dirigierte mich zurück in Richtung Fahrstuhl.

»Selber schuld«, antwortete ich nur. »Ich werde nur
böse, wenn ich nicht zu Wort komme.«

»Na, das wollen wir aber nicht«, sagte Gabriel, und
ich vermutete stark, dass er mich nicht wirklich ernst
nahm.

Als wir unten im Foyer angekommen waren, schob
er mich neben sich. Gemeinsam liefen wir geradewegs
auf eine Wand voller Fotografen und Kameramänner
zu. Auch der nette Kollege von vorhin war dabei und
guckte erstaunt. Er war jedoch der Einzige, der sich für

mich interessierte – die anderen ungefähr 100 Journalisten stürzten sich auf den SPD-Chef. Ich brachte mich vor dem Pulk in Sicherheit und fand mich kurz darauf auf der Bühne wieder, auf der ich gleich dieses fragwürdige Interview führen sollte. Ich sah das Pult und den Aufdruck »Gerechtigkeit«, und ich fühlte mich im Regen stehengelassen.

Auf einmal packte mich Hannelore Kraft am Arm, der ich im Grunde den ganzen Schlamassel zu verdanken hatte, und zog mich hinunter auf einen freien Stuhl. Auf dem hörte ich mir dann die Rede von Sigmar Gabriel an, der diese »Wertekonferenz« mit typischen Politikerphrasen eröffnete. Auch er machte den Fehler, dass er die Leute fusselig quatschte. Nach gut zehn Minuten schalteten ich und wahrscheinlich auch die meisten anderen Zuhörer ab, aber Gabriel redete und redete. Nach einer Dreiviertelstunde war er fertig – und alle anderen im Saal ebenso. Und dann wurde ich auf die Bühne geholt, und das Interview nahm seinen Lauf.

»Warum bleibt ihr dann bei den Schwatten?« Nachdem ich Sigmar Gabriel diese Frage gestellt hatte, brach im Saal tumultartiger Applaus los. Besonders laut klatschten Frau Schwesig und Herr Müller. Gabriel war offensichtlich nicht auf so eine einfache Frage vorbereitet, er stotterte kurz und schaltete hoch in den Wahlkampfmodus. Ich merkte ihm an, dass er eigentlich auf 180 war, aber er blieb trotzdem relativ charmant. Er holte tief Luft, dann spulte er dieselbe Litanei ab, die er in jeder Fernseh-Talkshow auch abspulte. Die SPD hätte ja den Mindestlohn durchgesetzt und die Rente nach 45 Beitragsjahren, das seien Errungenschaften, auf die man stolz sein konnte. Schließlich wollte er von mir wissen, was ich denn an seiner Stelle machen würde.

»Wenn wir rausgehen aus der Koalition, wieso wird's dann denn eigentlich besser?«, fragte Gabriel etwas lauter. »Also: Was soll ich jetzt machen?«

Ich fand, dass es ein ziemliches Armutszeugnis für einen Parteivorsitzenden und Vizekanzler sei, eine Putze aus Gelsenkirchen zu fragen, was er denn tun soll.

»Wenn 'ne Reinigungskraft dir sagen könnte, wie du dat hinkriegst – ich würd' es tun!«

Die Leute unten lachten wieder, auch Sigmar Gabriel musste nun kurz lachen, aber ich meinte das wiederum ernst. Ich wollte den armen Mann bestimmt nicht in die Pfanne hauen, im Gegensatz zu manch anderem hier im Raum. Darüber wunderte ich mich, denn wenn mein Chef vor allen anderen fertiggemacht werden würde, wäre ich lieber ruhig geblieben. Aber wenn die mich hierher holten, dann musste ich schon Klartext reden, so wie ich es vorher im sechsten Stock angekündigt hatte. Außer mir tat das sowieso keiner, denn sonst waren nur noch Professoren eingeladen, hochrangige Experten, Soziologen und so. Die hatten ganz sicher mehr Ahnung von Zahlen und Daten, von theoretischen Methoden, wie man die gesellschaftlichen Missstände bei uns in den Griff bekommen könnte. Von denen hatte aber keiner jemals in Akkordzeit mit einem defekten Mopp einen ganzen Supermarkt gewischt oder eine Büroetage mit einem uralten Staubsauger gesaugt, nur um Monat für Monat halbwegs über die Runden zu kommen.

Ich kam in dieser Hinsicht aus der Praxis. Weder wurde ich jeden Morgen von meiner schicken Dienstwohnung vom Fahrdienst des Bundestages abgeholt, noch verfügte ich über eine Handvoll kluger Mitarbeiter, die mir all die unangenehmen Tätigkeiten abnahmen, auf die ich keine Lust hatte. Und erst recht kassierte ich keine 9082 Euro im Monat. Ich hatte zwar auch Diäten, aber die sahen ein bisschen anders aus. Dafür wusste ich, welche Herausforderungen die meisten Menschen in Deutschland wirklich zu bewältigen hatten.

Zum Beispiel die Rente mit 67. Ich erklärte Herrn Gabriel, dass all diejenigen, die hart körperlich arbeiten mussten, das kaum schaffen konnten. Ich kannte genug Bauarbeiter, Krankenschwestern oder Kassiererinnen, die dieser Belastung nicht standhalten würden – mich eingeschlossen aufgrund meiner Krankheit, auf die ich später eingehen werde. Ich rechnete ihm vor, dass mir nach 38 Jahren Arbeit in der Steuerklasse V rund 725 Euro im Monat bleiben würden, und das auch nur dank der Rentenanwartschaften aus meiner ersten Ehe.

Hätte ich meinen Mann Bernie nicht, wie sollte das denn gehen?

Gabriel antwortete mir, dass der SPD sei Dank im Grunde genommen das alte Rentenrecht wieder hergestellt worden sei. Und dass lediglich Akademiker bis 67 arbeiten mussten, weil sie aufgrund ihres Studiums nicht auf 45 Beitragsjahre kamen, um vorher abschlagsfrei aufhören zu können. Eine Erklärung für meinen konkreten Fall und die beschämenden 725 Euro hatte er aber auch nicht – wie auch? Er lavierte stattdessen herum und erzählte ein bisschen was von Erwerbsunfähigkeit oder der Rente mit 70, wie sie die Union anstrebe, und dass es schon allein deshalb gut sei, in der Großen Koalition zu bleiben. Danach würgte die Moderatorin unser Gespräch ab, und viele Fragen blieben offen.

Nach dem Ende der Konferenz um 14 Uhr bekam ich Gabriel nicht mehr zu Gesicht. Ich hatte zwar den Eindruck, dass er noch ein paar klärende Worte loswerden wollte, aber seine Mitarbeiter schirmten ihn ab, und kurz darauf war er weg. Dann ging auch ich. Mein netter Mit-Raucher vom Vormittag winkte mir zum Abschied zu, und ich verließ das Willy-Brandt-Haus ohne tiefere Erkenntnisse, dafür aber mit dem Gefühl, mich wacker geschlagen zu haben. Ich holte mein Auto aus der Hotel-Tiefgarage, checkte aus, fuhr zur nächsten Tanke und präparierte mich für die lange Heimfahrt, die ich dieses Mal ohne Beifahrer hinter mich bringen musste.

Ich war etwa eine Stunde unterwegs, die Hauptstadt und das Willy-Brandt-Haus lagen schon mehr als 100 Kilometer hinter mir, da rief ich wieder Martin an. Ich glaubte zwar nicht, dass diese merkwürdige Konferenz ein großes Echo erzeugen würde, trotz der vielen Journalisten dort. Dafür waren die Ergebnisse für meinen Geschmack zu nichtssagend.

»Sach mal, wird eigentlich überhaupt was über den Tinnef von vorhin berichtet? Findest du was im Internet?«, fragte ich Martin.

»Warte kurz«, sagte er. »Ich mach' mal grade den Rechner an.«

Ich hörte, wie er auf der Tastatur herumklopfte – und dann war erstmal Stille. Nach einer halben Minute fing er sich wieder.

»Susi, dat glaubst du nich'!«, stammelte er. »Dat sin' über Tausend Artikel, in denen du vorkommst.«

Das konnte ich mir zwar nicht wirklich vorstellen, aber ich verbuchte die Ergebnisse von Martins Nachforschungen als kleinen Achtungserfolg. Bevor ich meinen Mann anrufen konnte, klingelte das Telefon.

»Guten Tag, hier ist die Redaktion von *Markus Lanz*«, hörte ich am anderen Ende der Leitung. Man lud mich ein, am nächsten Tag nach Hamburg in die Sendung zu kommen.

Als ich aufgelegt hatte, klingelte es wieder.

»Hallo, hier ist die *Westdeutsche Allgemeine*, wir würden gerne ein Interview mit Ihnen führen.«

»Entschuldigen Sie die Störung, hier ist der *Focus*.«

»*Süddeutsche Zeitung*, grüß Gott, Frau Neumann.«

»N24 am Apparat, hätten Sie morgen Zeit, in unsere Nachrichtensendung zu kommen?«

In diesem Stile ging es weiter. Ich kam kaum zum Durchatmen. Auch zu Hause stand das Telefon nicht still. Bernie hatte in der Zwischenzeit meinen Sekretär gegeben und versucht, alle Anfragen und Terminwünsche zu koordinieren. Nachdem ich gegen 22 Uhr wieder in Gelsenkirchen aufschlug, besprach ich mich mit ihm, ob ich am kommenden Tag tatsächlich nach Hamburg fahren sollte. Ich war ganz schön platt und hatte eigentlich weder Kraft noch Lust, aber mein Mann bot mir an, mich zu begleiten, also machten wir es. Während der 380 Kilometer aus dem Pott in die Hansestadt führte ich ein Gespräch nach dem anderen am Handy. Am späten Nachmittag wurde die Show von Herrn Lanz aufgezeichnet. Danach ging es sofort weiter nach Berlin, wo ich erst 36 Stunden zuvor gewesen war und nun in aller Früh nochmals ein paar Fernsehgeschichten absolvieren sollte.

Auf der Rückreise am folgenden Mittag erhielt ich eine Anfrage von Bettina Böttinger aus Köln, die mich ebenfalls als Gast für ihr Magazin haben wollte. Der zuständige Redakteur bequasselte mich so lange, bis ich auch diesen Termin zusagte, worüber ich mich im Nachhinein sehr ärgerte, weil Bernie und ich uns irrsinnig abhetzen mussten, damit ich letztendlich zwei schlappe Sätze in die Kamera sagen durfte. Kurz, bevor ich total erschöpft in mein Bett fiel, trudelte auch noch ein Anruf aus dem Team von *Maybritt Illner* ein – es ging um die Sendung in Berlin am kommenden Abend.

Nun konnte ich endgültig nicht mehr. Frau Illner musste leider ohne mich auskommen. Unabhängig von den Strapazen der letzten drei Tage verstand ich sowieso nicht, was alle Welt auf einmal von mir wollte. Nur, weil ich auf dieser Wertekonferenz ein paar Dinge angesprochen hatte, die mir auf der Seele lagen, machte die deutsche Medienlandschaft ein riesiges Gedöns um mich. Aber ich war und blieb doch nur: eine kleine Putzfrau.

2.

»Du wirst irgendwann als Putzfrau enden« – Meine schwierige Jugend und die Vorahnung meines Vaters

Dass ich einmal putzen würde, wusste mein Vater erstaunlicherweise schon lange bevor ich diesen Beruf ergriff. Aber dazu kommen wir noch. Auf die Welt kam ich jedenfalls als Maikind im Jahr 1959 in Gelsenkirchen – ein paar Stadtteile von unserem heutigen kleinen Reihenhäusken entfernt. Mit mir zusammen erblickten in diesem Jahr in unserer Stadt beispielsweise Jörg Dahlmann oder Johannes Teyssen das Licht der Welt. Dahlmann wurde ein berühmter Sportreporter, Teyssen der Vorstandsvorsitzende der E.ON AG. Und ich – na ja, das wissen Sie ja bereits.

Es ist zweifelsfrei erwiesen, dass die Herkunft eines Menschen dessen zukünftige Aussichten massiv beeinflussen kann – dass also Kinder von Hartz-IV-Empfängern oftmals selbst zu Hartz-IV-Empfängern werden und Kinder von Ärzten eben sehr häufig ebenfalls Ärzte oder Anwälte oder sonst was Studiertes. »Du bist, watte bist«, hieß es schon zu meiner Kindheit immer, und dieser blöde Spruch lässt sich leider auch statistisch belegen: Einer Erhebung der Bundesregierung nach beträgt das Armutsrisiko eines Kindes satte 60 Prozent, wenn schon die Mutter und der Vater keine Arbeit haben. Traurig aber wahr: Manche bemitleidenswerten Geschöpfe bekommen eben von Anfang an keine Chance.

Dass in einem an sich so reichen Staat wie Deutschland Kinderarmut im 21. Jahrhundert überhaupt ein großes Thema darstellt, ist eine riesengroße Schande für unsere gesamte Gesellschaft! Aber es ist so: Knapp 15 Prozent der Unter-Achtzehnjährigen wachsen inzwischen in Hartz-IV-Familien auf, mit steigender Tendenz. Eine aktuelle Studie der Bertelsmann-Stiftung ergab eindeutig, dass solche Kinder verglichen mit gleichaltrigen Kindern aus Familien mit einem gesicherten Einkommen nicht nur in Sachen Bildung von Anfang an in der Falle sitzen. Sie leiden auch deutlich stärker an gesundheitlichen Problemen, weil sie sich zwangsläufig ungesünder ernähren müssen. Und wenn schon der zweitägige Schulausflug, ein Fahrrad oder ein eigenes Zimmer für die Eltern unbezahlbaren Luxus bedeuten, dann ist außerdem der Grundstein für eine anhaltende und kaum zu widerrufende soziale Isolation gelegt.

In meinem konkreten Fall konnte man diese so einfache wie ungerechte Gleichung aber gar nicht so selbstverständlich ansetzen: Ich stammte aus einem durch und durch bürgerlichen Beamtenhaushalt. Mein Vater war angestellt bei der städtischen Berufsfeuerwehr, was ein beträchtliches Ansehen und ein sicheres Gehalt mit sich brachte. Wohlhabend waren wir natürlich trotzdem nicht, aber sein Beruf bedeutete zumindest, dass wir keine wirtschaftliche Not litten. Die Kohle wurde höchstens dann mal knapp, wenn meiner Mutter am Monatsende mal wieder das Haushaltsgeld ausgegangen war, weil sie grundsätzlich nichts zum Familieneinkommen beitrug und regelmäßig einen stattlichen Teil davon für ihre persönlichen Bedürfnisse bunkerte.

»Wenn ich mich mal vonne Erde verabschiede, bleibt von mir nur ein Haufen Sperrmüll über«, pflegte mein Vater in seinen melancholischen Momenten dann immer zu sagen. Aber ich schenkte solchen düsteren Sätzen keine weitere Bedeutung. Wichtig war für ihn, dass jeden Tag etwas Warmes auf den Tisch kam und Sonntag ein ordentliches Stück Fleisch auf dem Speiseplan stand, und zumindest dafür reichte sein Einkommen auf alle Fälle aus.

Überhaupt war das Gelsenkirchen des Jahres 1959 eine aufstrebende Großstadt: Die insgesamt 16 Zechen brummten, das Wirtschaftswunder verlangte nach immer mehr Kohle und Stahl, alle Arten von Handwerk hatten goldenen Boden, und die Gemeinde leistete sich gerade ein schickes Theater und einen neu angelegten, riesigen Park. Über 389 000 Menschen lebten seinerzeit hier, es herrschte nahezu Vollbeschäftigung. Heute sind wir 140 000 Einwohner weniger, alle Zechen sind stillgelegt, und die Arbeitslosenquote beträgt von der Bundesagentur schöngerechnete 13 Prozent – zuzüglich fast 11 Prozent Empfänger von Sozialleistungen. Mit diesen zusammen 24 Prozent, die auf staatliche Hilfen angewiesen sind, liegen wir in der Tabelle der ärmsten Städte Deutschlands auf Rang 2 in Deutschland. Eine solche Spitzenplatzierung schaffte selbst der FC Schalke schon viele Jahre nicht mehr. Das aber nur als schlechter Scherz am Rande.

Wie gesagt, wir litten keine Existenzängste in den sechziger und frühen siebziger Jahren, die meine Kindheit und Jugend prägten. Gelitten habe ich eher aufgrund der Tatsache, dass unsere tolle heile Welt nur gespielt war, um bei den Nachbarn gut dazustehen. Wichtig war vor allem, welchen Eindruck die anderen von uns hatten. Im Inneren aber war von Harmonie und trautem Familienleben nix zu spüren: Das größte Problem meiner Eltern war, dass sie sich ständig wegen irgendwelcher bedeutungsloser Kleinigkeiten in die Haare gerieten. Wenn mein Vater nach der Arbeit nach Hause kam, ging der Zoff oft schon mit dem Moment los, in dem er sich aufs Sofa setzte. Dann wurde den ganzen Abend über gestritten, und am Morgen ging es weiter. Und wenn wir Kinder mit unserer Mutter alleine waren, dann ließ sie ihren Verdruss über die frustrierende Situation gerne mal an uns aus.

In unserer Wohnung fand also praktisch ein ständiger Kampf statt, der dadurch verschärft wurde, dass sich meine ältere Schwester von unseren Eltern nichts sagen ließ. Mit 15 beschäftigte ich mich häufiger mit Selbstmordgedanken als mit meinen Hausaufgaben. Daran änderte auch die vermeintlich großzügige Regelung nix, die sich Mutter und Vater für mich ausdachten, sobald ich ein ausgehfähiges Alter erreicht hatte. Während meine Klassenkameraden sich auch mal am Abend in die Disco verabreden oder ins Kino gehen konnten, hieß es für mich: Um Punkt 21 Uhr war Schluss – und das auch nur am Samstag und am Sonntag. Dazu kam noch der Mittwoch von 15 bis 20 Uhr. Ansonsten jedoch waren unsere heimischen vier Wände alles, was ich vom Leben sehen durfte.

»Wenn du zu Hause bist, dann kann dir schon nichts passieren«, sagten meine Eltern immer – obwohl weit und breit in unserer Gegend noch nie irgendetwas Schlimmes passiert war. Die Wahrheit war eher, dass ich die restliche Zeit gebraucht wurde: entweder als kostenlose Haushaltshilfe oder um den Unmut meiner Mutter abzupuffern, den sich meine große Schwester von ihr nicht bieten ließ. Passierte etwas außer der Reihe, gab's ohnehin Stubenarrest. Einmal etwa sah mich meine Schwester mit einem jungen Mann auf den Stufen vor unserer Haustür. Zwischen uns lief rein gar nichts, wir saßen einfach nur herum und quatschten. Trotzdem reichte meinen Eltern diese harmlose Beobachtung aus, um mich die ganzen großen Ferien in der Wohnung einzuschließen. Dort herrschte zu dieser Zeit sowieso gerade eine ziemliche Weltuntergangsstimmung, weil die Geburt meiner kleinen Schwester unmittelbar bevorstand. Zu diesem Zeitpunkt waren mein Vater allerdings schon 42 und meine Mutter 41, und nichts passte ihnen schlechter ins Konzept als noch ein Kind. Aber natürlich gab es keine andere Alternative, als das Baby zu bekommen – was sollten sonst die Nachbarn denken.

Das war auch das Totschlagargument für alles, was mich betraf. Diese panische Angst, vor den anderen Spießern im Haus schlecht dazustehen, erstreckte sich auch auf meine schulischen Leistungen. Erreichte ich gute Noten, wurde dies von meiner Mutter natürlich sofort weitergetragen. Waren die Zensuren schlecht, schämte sie sich in Grund und Boden und scheute den Kontakt zu den restlichen Hausbewohnern. Und meine Zensuren wurden schlechter: Als ich in die achte Klasse ging, konnte ich endgültig nicht mehr! Ich hielt das Gefängnis aus Gelsenkirchener Barock, Eichenschrankwand und Einbauküche nicht mehr aus – zumal ich praktisch rund um die Uhr als Babysitter eingesetzt wurde, kaum dass meine kleine Schwester auf der Welt war. Wer sollte das auch sonst machen: Meine große Schwester

hatte die Realschule längst beendet und war mit 22 ausgezogen. Und meine Mutter verspürte keine besondere
Lust, sich mehr um ihre dritte Tochter zu kümmern als
irgendwie nötig.

Ich besaß nicht einmal ein eigenes Zimmer, sondern
hatte lediglich im Schlafzimmer eine Ecke, in der mein
Bett und ein paar persönliche Sachen standen. Die einzige Möglichkeit, mir wenigstens etwas persönlichen
Freiraum zu verschaffen, war, schlichtweg nicht mehr zur
Schule zu gehen. So hatte ich von 8 Uhr morgens bis zum
Mittag ein paar Stunden nur für mich. Ich trieb mich in
der Stadt herum, ging einfach nur spazieren oder setzte
mich in einen Park. Es war vollkommen egal, wie ich die
Zeit verbrachte. Die Hauptsache war, nicht zu Hause sein
zu müssen. Dass das auf Dauer nicht gut gehen konnte,
wusste ich. Aber es war mir in diesem Moment egal. Erst
gelang es mir, sämtliche blauen Briefe, die von der Schule
an meine Eltern verschickt wurden, noch abzufangen.
Aber auch das achte Schuljahr endete notgedrungen mit
einer Zeugnisvergabe. Und meins konnte ich nicht her-
zeigen – darin konnte man schließlich schwarz auf weiß
mein Versagen und meine Fehlzeiten nachlesen.

»Sach ma, hat das gez nicht Zeugnisse gegeben?«,
fragte mein Vater eines Tages, kurz, nachdem das Schuljahr zu Ende gegangen war.

»Wieso willst du das denn wissen?«, sagte ich und
wusste, was nun folgen würde.

»Die Kollegen auffe Arbeit haben von ihren Kindern erzählt. Und die haben alle ihre Noten gekriegt«, antwortete mein Vater. »Wat is' mit dir?«

Tja, wohl oder übel musste ich erzählen, was mit mir und meinem Zeugnis wirklich los war.

»Ich bin sitzengeblieben«, sagte ich leise.

»Und das auf der Hauptschule. Dabei hamm wa dich extra hingeschickt, damit du es leichter hast als deine Schwester. Wenn das die Nachbarn mitkriegen«, rief mein Vater und senkte den Kopf.

Es war schlimm.

Das folgende Schuljahr, das für mich also erneut die achte Klasse bedeutete, entpuppte sich jedoch erstaunlicherweise als Glücksfall. Mein neuer Klassenlehrer war ganz anders als seine Vorgänger. Er erkannte, dass ich in der letzten Zeit nicht einfach dumm oder faul oder gar beides gewesen war. Sondern dass mir lediglich ein wenig die Anerkennung fehlte. Wann immer es ging, nahm er mich beiseite, sprach mir Mut zu und lobte mich zwischendurch auch mal. Das war ein Gefühl, das ich von zu Hause überhaupt nicht kannte. Ich verspürte zum ersten Mal in meinem Leben Rückendeckung! Es war verrückt, aber alleine dadurch verbesserten sich meine Leistungen wieder. Als sich dieses ganz und gar nicht verlorene Jahr dem Ende zuneigte, konnte mein Retter in Lehrergestalt meinen Vater überreden, mich entgegen aller ursprünglichen Pläne die Mittlere Reife absolvieren zu lassen, sprich: meine Schullaufbahn nicht einfach mit dem Hauptschulabschluss zu beenden, sondern noch ein Jahr fortzusetzen.

»Susi, in dir steckt ja doch was«, sagte Vater anerkennend, nachdem ich die achte Klasse beim zweiten Mal mit Bravour bestanden hatte.

Wäre ich diesem engagierten Pauker nicht begegnet, dann hätte ich vermutlich schon zu diesem Zeitpunkt ganz schön in die Röhre geguckt. Ohne entsprechenden Abschluss war und ist der Zugang zum normalen Arbeitsmarkt noch schwerer als ein Auswärtssieg der Knappen beim FC Bayern, um mal ein doofes, aber leider passendes Bild zu verwenden: Weit über 60 Prozent all derer, die ihre Schule heute ohne ein qualifiziertes Zeugnis verlassen müssen, kriegen danach keine Ausbildung. Und was mit vielen jungen Menschen ohne abgeschlossene Lehre passiert, liegt leider auf der Hand: Entweder sie enden als Hilfsarbeiter. Oder, noch viel schlimmer, sie rutschen gar in die Kriminalität ab. Mit ein bisschen gutem Zureden und etwas individueller Förderung könnte das Leben vieler aussichtsloser Jugendlicher eine völlig andere Richtung einschlagen.

In meinem Abschlussjahr lief es dagegen nicht schlecht. Ich wurde erst zur Klassen- und später sogar zur Schulsprecherin gewählt. Auch mein Selbstbewusstsein hatte sich durch die Geduld meines Lehrers deutlich gesteigert, und ich lernte erstmals, meine große Klappe für andere Menschen aufzumachen. Wo immer ich Ungerechtigkeiten witterte oder mitbekam, dass ein Mitschüler gegängelt wurde, war ich zur Stelle und versuchte, die Situation zu klären. Das machte mir Spaß und steigerte meine Akzeptanz bei den anderen. Doch auch dieses Schuljahr ging irgendwann vorbei, und das Berufsleben wartete auf mich. Dabei spielte es keine Rolle, was ich möglicherweise machen wollte. Das wäre nämlich eine Schreinerlehre gewesen, weil mich dieses Handwerk faszinierte und ich auch ein gewisses Talent dafür zu haben glaubte, etwas mit meinen Händen anzustellen. Doch zu dieser Zeit kam es leider ausschließlich darauf an, was ich machen durfte.

Und das war Mitte der Siebziger für ein Mädchen in Gelsenkirchen: Friseuse. Am 1. September fing ich im Salon »Cinderella« an, einem klassischen Herren- und Damenfriseur, wie es ihn damals in jedem Viertel gab und dessen Kundschaft sich hauptsächlich aus den Bewohnern der umliegenden Mietshäuser zusammensetzte. Leider lief der Laden trotzdem nicht besonders gut. Zu den wenigen Kunden, die sich zu uns verirrten, verbot mir der Chef den Kontakt, und ich durfte ihnen nicht einmal die Haare waschen. Also saß ich hinten in der letzten Ecke des Raumes und wickelte acht Stunden am Tag Dauerwellen an einem Übungskopf. Erst eine Viertelstunde vor Feierabend, wenn nicht mehr zu befürchten stand, dass sich noch jemand im Salon den Pony schneiden ließ, durfte ich saubermachen. Aus unerfindlichen Gründen war der Inhaber mir gegenüber hinterhältig und gemein: Wenn ich mit Saubermachen fertig war, kam es gelegentlich vor, dass er noch ein Haarbüschel aus der Hosentasche zog und es in die Ecke feuerte.

»Mädel, du hast nicht richtig geputzt«, zischte er. Und dann musste ich den ganzen Scheißladen noch mal fegen, was das Arbeitsende deutlich nach hinten schob. Anstatt um 18 Uhr kam ich oftmals erst um halb sieben aus dem »Cinderella« raus – und genauso wie Aschenputtel fühlte ich mich zu dieser Zeit auch, denn nach wie vor musste ich unter der Woche um Schlag acht Uhr zu Hause sein. In dieser Hinsicht hatte sich leider auch nach dem Schulabschluss nichts verändert, und finanziell war ich von einer gewissen Unabhängigkeit ebenfalls weit entfernt: Von meinen 80 Mark monatlichem Lehrgehalt musste ich einen ganzen Fuffi gleich wieder daheim abgeben – als Beteiligung am Haushaltsgeld. Dabei hatte ich doch gerade erst einen Prinzen kennengelernt, von dem ich hoffte, dass er mir den richtigen Schuh anzog und mich aus meiner Misere befreite.

Doch diese allererste, zarte Schwärmerei meines Lebens war schon alleine deshalb zum Scheitern verurteilt, weil ich so gut wie keine Zeit mit meinem Freund verbringen konnte. Wenn ich nach den Schikanen meines gehässigen Ziepels[3] um kurz vor sieben mit dem Fahrrad bei ihm eintraf, blieb uns gerade mal etwas mehr als eine halbe Stunde für etwaige Zweisamkeiten. Dann musste ich umgehend weiter nach Hause, wollte ich den größten Ärger mit Vater und Mutter vermeiden, wobei um diese Tageszeit sowieso schon meistens dicke Luft zwischen den beiden herrschte. Jene paar unbeschwerten Minuten zwischen den Scherereien auf Maloche und den Scherereien daheim waren freilich gerade mal genug für ein bisschen Händchenhalten und das ein oder andere Küssken auf die Backe. Auf Dauer aber reichte mir das natürlich nicht – und ihm schon gar nicht.

Immerhin gab es nach ein paar Monaten in beruflicher Hinsicht Licht am Ende des Tunnels: Völlig überraschend bekam ich einen Anruf von Herrn Thiel, dem Ausbildungsleiter des »Hauses der Dame«, einem renommierten Modegeschäft in der Gelsenkirchener Innenstadt, in dem die besseren Leute einkauften. Bei ihm hatte ich mich nach der Mittleren Reife ebenfalls um eine Anstellung beworben, aber sämtliche Plätze dort waren erwartungsgemäß schnell besetzt, sodass für mich nur der ungeliebte Friseusen-Job übrigblieb. Nun aber teilte mir Herr Thiel kurzerhand mit, dass der Junge, der damals die Lehrstelle als Dekorateur be-

---

[3] Abwertender Begriff für eine Person, die man absolut nicht leiden kann

kam, von einem Tag auf den anderen alles hingeschmissen hatte. Sein mangelndes Durchhaltevermögen war meine Rettung!

»Wollen Sie denn immer noch zu uns, junges Fräulein?«, fragte er mich am Telefon.

Wat is' dat denn für 'ne doofe Frage, dachte ich, ich dreh' ja nur den lieben langen Tag Locken an einem bescheuerten Styroporkopf ein, aber das konnte Herr Thiel selbstverständlich nicht wissen. Also sagte ich einfach nur: »Wann soll ich denn anfangen?«

»Am besten gleich morgen«, antwortete er. »Wir haben hier eine Menge zu tun.«

So fuhr ich am folgenden Tag mit pochendem Herzen gleich in der Früh zum Salon »Cinderella«, packte meine sieben Sachen zusammen und kündigte bei meinem fiesen Chef, der mir zur Versüßung meines Abschieds knapp zwei Monatslöhne in Rechnung stellte, weil er meine Werkzeuge angeblich nicht mehr gebrauchen konnte. Trotz dieser letzten Bosheit war der Wechsel ins »Haus der Dame« ein finanzieller Quantensprung, denn hier verdiente ich sagenhafte 310 D-Mark im Monat – was ich meinem Vater nie erzählte. Auf diese Weise blieb es bei den 50 Mark, die ich zu unserer Familienkasse beisteuerte. Parallel dazu konnte ich mir einen guten Grundstock zusammensparen. Wie schnell ich diesen brauchen sollte, konnte ich in diesem Augenblick nicht ahnen. Aber kurz nachdem ich meinen neuen

Lehrvertrag bei Herrn Thiel unterschrieben hatte, lernte ich Thomas kennen – meine erste richtig große Liebe.

Während ich damals das Friseusen-Dasein also zum Glück schnell hinter mir lassen konnte, ist dieser Beruf heute einer der typischen Einstiege in den Niedriglohnsektor – da hilft auch der Mindestlohn nix: Weil gerade in armen Städten wie Gelsenkirchen vorwiegend die Billig-Ketten boomen, wird der Preiskampf trotz der gesetzlichen Regelung, dass niemand weniger als jetzt 8,83 Euro verdienen darf, auf dem Rücken der armen Angestellten ausgetragen. Ein Haarschnitt für 9,90 Euro lässt sich halt nur dann anbieten, wenn die Mitarbeiter dafür bluten müssen. Und das funktioniert zum Beispiel durch fiese Klauseln in den Arbeitsverträgen, wonach jeder Friseur vom Arbeitgeber verpflichtet ist, das Dreifache seines Bruttogehalts reinzuholen. Das aber ist oft nur dann zu schaffen, wenn man unbezahlte Überstunden schiebt oder auf Pausen verzichtet. Dass diese Methoden illegal sind, stört viele Vorgesetzte nicht. Kaum jemand wagt den Gang vors Arbeitsgericht. Die Angst vor Arbeitslosigkeit ist bei diesen oftmals recht jungen Menschen einfach viel zu groß. Das ist natürlich nicht nur ein Problem bei Friseuren. In der Gastronomie oder im Einzelhandel sieht es oftmals genauso dramatisch aus, was die Arbeitsbedingungen betrifft. Und weil Auszubildende und bis zu drei Monate andauernde Praktika vom Mindestlohn sowieso ausgenommen sind, dürfen Sie drei Mal raten, in welchen Branchen anstelle von Festangestellten besonders viele Azubis und Praktikanten beschäftigt werden.

Für mich schien sich damals jedoch mein Leben gerade zum Guten zu wenden: Ich war gerade 17 geworden und konnte ohne Angst auf die Arbeit gehen, weil mir die neue Aufgabe richtig Spaß machte. Herr Thiel bemühte sich nach Kräften, mir alles mitzugeben, was man als ordentliche Dekorateurin wissen musste: Ich lernte, Skizzen zu zeichnen, Stoffe zuzuschneiden, Büsten anzuziehen und all diese Dinge. Schon nach einigen Wochen durfte ich die Schaufenster zur Bahnhofstraße, die Aushängeschilder des »Hauses der Dame«, gestalten. Und bis auf die ein oder andere kleine Stecknadel, die ich manchmal vor lauter Begeisterung übersah, gab's auch keinerlei Kritik an meiner Tätigkeit. Und auch die alltäglichen Streitereien zu Hause zwischen mir und meiner Mutter, meiner Mutter und meinem Vater oder meinem Vater und mir machten mir nicht mehr so viel aus.

Wie genau Thomas in mein Leben trat, weiß ich gar nicht mehr. Er tauchte jedenfalls plötzlich in der Clique auf, die an den drei kurzen »Ausgeh-Tagen« meine einzige Freizeitbeschäftigung war, auf die ich mich wiederum die restlichen vier Tage unbeschreiblich freute. Ich kann mich nur noch daran erinnern, dass ich diesen Kerl erstmals sah – und es im selben Moment einfach »Bumm« in meinem Kopf machte. Es war die sprichwörtliche Liebe auf den ersten Blick, seltsam und aufregend zugleich. Zu meinem Glück schien er dieselben Gefühle für mich zu empfinden, denn unmittelbar nach unserer ersten Begegnung waren wir auch schon zusammen. Es hatte bei uns beiden eingeschlagen wie der Blitz, und praktischerweise besaß Thomas, der zu diesem Zeitpunkt bereits 18 war, eine winzige, eigene Wohnung, die an die eigentliche Wohnung seiner Eltern angrenzte. Da er eine Ausbildung zum Klempner absolvierte, war er finanziell weitgehend unabhängig, was ihn erst recht zu meinem Helden werden ließ.

Wir hatten nun unser eigenes, kleines Nest, in das wir uns unbeobachtet zurückziehen konnten. Zwar galt nach wie vor, dass ich an keinem einzigen Wochentag später als 21 Uhr zu Hause sein durfte, aber Herr Thiel sorgte dafür, dass ich stets pünktlich meinen Arbeitsplatz verlassen durfte, was die Zeit für Zweisamkeiten im Vergleich zu vorher spürbar erhöhte. Als unser erster gemeinsamer Jahreswechsel bevorstand, gelang es mir, meine Mutter zu überreden, dass ich den Silvesterabend so lange feiern durfte, wie ich wollte. Sie und erst recht mein Vater hatten natürlich keine Ahnung, dass ich diesen Abend mit einem Jungen verbrachte. Aber es war das erste Mal in meinem ganzen Leben, dass mir meine Eltern keine Vorschriften machten, wann für mich Schicht im Schacht sein sollte.

Nachdem wir zunächst ein wenig mit den anderen im

Bollerraum eines Freundes gefeiert hatten, machten wir uns schnell vom Acker. Wir wollten ganz für uns sein und unsere persönliche Silvesternacht zu zweit begehen. Und was soll ich sagen? Wir waren verliebt, es war romantisch, harmonisch und aufregend. Kurzum: Es war einfach schön – vielleicht sogar ein bisschen zu schön. Denn wie sich wenig später herausstellen sollte, hatte die ganze Sache ein kleines Nachspiel.

Ich war schwanger!

Mir war klar, dass diese Tatsache unser Leben von Grund auf verändern würde.

So eine ungewollte Schwangerschaft, noch dazu in diesem Alter, kann freilich auch heute die komplette Lebensplanung zweier Menschen auf den Kopf stellen! Da nützt das bisschen Kindergeld und der restliche familien- und steuerpolitische Dünnflitsch[4] so gut wie gar nix, denn Fakt ist: Eine Familiengründung kann zu einem massiven Armutsrisiko werden – vor allem, wenn die Berufsausbildungen eines oder beider Elternteile noch nicht abgeschlossen sind oder der bisherige Job nur im Niedriglohnsektor angesiedelt war. Wenn ein junges Mädchen also in ihrer Findungsphase nach der Schule ein bisschen als Kellnerin in der Kneipe nebenan gejobbt hat und plötzlich wegen eines Kindes gar nicht erst in eine Festanstellung hineinkommt, dann hat das natür-

---

[4] Durchfall

lich auch fatale Auswirkungen auf die künftige Rente. Viele Mütter, die später allenfalls wieder in Teilzeit arbeiten gehen, sind und bleiben in Sachen Einkommen von ihren Männern abhängig. Da kann Frau Schwesig von ihrem Idealtyp einer modernen, partnerschaftlichen Familie mit einer geteilten Verantwortung für Erziehung und Einkünfte erzählen, was sie will. Was nämlich mit der Frau passiert, wenn die Ehe scheitert oder sich der Mann gar nicht erst dauerhaft binden will, ist in solchen Modellen irgendwie nicht vorgesehen.

Daran dachte ich damals aber erstmal noch nicht. Nach dem ersten Schock versuchte ich, mit der Situation einigermaßen gefasst umzugehen. Thomas signalisierte mir sofort, dass er zu mir halten würde – was schon mal sehr viel wert war und mein Fracksausen zumindest etwas verkleinerte. Ich wollte das Kind bekommen, so viel stand für mich fest. Ebenso fest stand aber leider auch, dass meine Zukunft unsicherer war denn je. Ich hatte ja gerade erst im »Haus der Dame« begonnen. Die Arbeit machte mir Spaß, und finanziell stand ich das erste Mal in meinem Leben auf eigenen Füßen. Das alles drohte nun gleich wieder den Bach runterzugehen. Mit einem Baby war nicht nur erstmal der Job weg, sondern auch der entsprechende Lohn. Ich würde von Thomas abhängig sein, so viel war mir trotz meiner Verliebtheit und sicherlich auch meiner jugendlichen Naivität auf jeden Fall klar. Und das fühlte sich nicht toll an.

Zu Hause hielt ich meine Schwangerschaft erstmal geheim. Ich hatte das Glück, dass man mir bis zum fünften Monat so gut wie nichts ansah. Derweil ging ich weiterhin zu Herrn Thiel ins Geschäft und ließ mir dort ebenfalls erstmal nix anmerken. Nur die Eltern von Thomas wussten Bescheid. Sie fielen zwar aus allen Wolken, als wir ihnen eines Tages mit zitternden Knien die Nachricht überbrachten. Aber sie gaben ihrem Sohn und mir Rückendeckung. Das hatte ich nicht unbedingt erwartet. Umso größer war der Stein, der mir vom Herzen fiel. Sie signalisierten uns auch, dass wir gemeinsam als kleine Familie in der Bude bleiben konnten, die Thomas bislang alleine bewohnte und in der ich bis dahin bloß zu Besuch gewesen war. Nun musste ich nur noch irgendwann meine Eltern informieren. Wobei, was hieß hier »nur? Dieses Gespräch würde furchtbar werden. Das wusste ich jetzt schon.

Ich beschloss, am Tag meines 18. Geburtstages reinen Tisch zu machen. Unter meinem Pulli wölbte sich mein Bauch ohnehin langsam bedenklich, und mit dem Erreichen der Volljährigkeit konnten sie mir nicht mehr allzu viel anhaben. Dass ich nach meinem Geständnis zu Thomas ziehen würde, war für uns beide eh ausgemachte Sache, also hielt ich es mit dem Motto »Augen zu und durch«, damit kannte ich mich in dieser Familie ohnehin aus. Schon kurz zuvor hatte ich sicherheitshalber meine Sachen zusammengepackt und sie unter meinem

Bett im Elternschlafzimmer verstaut. Als meine Mutter an meinem Ehrentag zur Tür hereinschaute und sich ein gequältes »Herzlichen Glückwunsch, Susanne« herauspresste, war es so weit.

»Dir auch. Du wirst nämlich Omma«, sagte ich und blickte in ein entsetztes Gesicht, das immer blasser wurde.

Als sie sich nach ein paar Augenblicken wieder gesammelt hatte, fiel ihre Reaktion genauso aus, wie ich es mir vorstellte.

»Was sollen denn die Nachbarn denken?«, rief sie aufgeregt und fuchtelte mit den Armen herum.

»Wie kannst du uns das antun? Diese Schande! Du bist doch vollkommen beknackt. Glaub' ja nicht, dass wir dich unterstützen. Diese Scheiße musst du selber ausbaden!«

Bevor ich selbst den Rückzug antreten konnte, knallte mir meine Mutter die Tür vor der Nase zu. Auch wenn mir vorher schon klar war, dass ihr Verständnis für meine Lage gleich null betragen würde, traf mich jedes ihrer Worte wie ein Donnerschlag. Ich nahm meinen Koffer mit den nötigsten Klamotten, schlich mich aus dem Schlafzimmer und verließ die Wohnung. Ich zog zu Thomas. Dessen Eltern versuchten in den nächsten Tagen, Kontakt zu meiner Familie aufzunehmen, um einen Schlichtungsversuch zu starten – allerdings vergeblich. Meine Eltern schalteten auf totalen Durchzug, die Fronten waren vollkommen verhärtet.

Drei Wochen lang hörte ich nichts von ihnen, da klingelte es bei uns an der Tür. Draußen stand mein Vater mit einem Umschlag.

»Hier, bitte schön. Nimm das«, sagte er und drückte mir das Ding in die Hand.

»Was ist denn das?«, fragte ich.

»Deine Aussteuer«, antworte er. Dann ging er wieder.

In dem Umschlag befanden sich 3000 Mark. Ich war überrascht, dass Vater uns tatsächlich freiwillig so viel Kohle gab – und 3000 DM waren eine ganze Menge angesichts dessen, wie viel ich verdiente und wie meine Eltern ansonsten mit dem Geld umgingen, über das ein Feuerwehrmann mit drei Kindern und einer Frau, die zum Haushaltseinkommen rein gar nichts beitrug, verfügte. Aber als korrekter Beamter, als den er sich zweifelsohne sah, wollte er sich offenbar auch nichts nachsagen lassen.

Danach besuchte ich mein altes Zuhause noch einige Male – vor allem, weil meine kleine Schwester eine enge Bindung zu mir aufgebaut hatte und umgekehrt natürlich auch ich nicht wollte, dass ich von jetzt auf gleich aus ihrem Leben verschwand. Sie war zu diesem Zeitpunkt gerade mal zwei Jahre alt, und in diesen zwei Jahren hatte ich mehr oder weniger ihre Ersatzmama gespielt, weil unsere tatsächliche Mutter mit jedem neuen Tag ein Stück mehr überfordert war. Sosehr mich diese Rolle als Babysitterin zuletzt genervt hatte, so positiv sah ich diese Erfahrung nun in der Erwartung meines eigenen Kindes. Meine Eltern aber begegneten mir distanziert und kühl. Wir sprachen kaum miteinander – und wenn, dann hagelte es Vorwürfe, weil ich in ihren Augen unsere ach so unfehlbare Familie vor der gesamten Hausgemeinschaft bloßgestellt hatte. Irgendwann sagte mein Vater schließlich einen Satz, den ich zunächst überhaupt nicht ernst nahm und den ich trotzdem nie mehr vergessen sollte.

»Ich weiß gez' nich, was dat alles soll mit dir und den Klempnerjungen da. Aber merk' dir schon mal das eine: Du wirst nochmal als Putzfrau enden!«

Er meinte das nicht als Warnung vor einer möglicherweise schwierigen Zukunft. Er verstand das als Drohung, weil er davon überzeugt war, dass ich als 18-jähriges Mädchen mit einem kleinen Kind an der Backe und einem kaum älteren Mann, der noch nicht einmal seine Ausbildung abgeschlossen hatte, niemals auf einen grünen Zweig kommen würde. Ich aber lachte ihn innerlich aus, denn in dem Wolkenkuckucksheim, in dem Thomas und ich uns gerade befanden, kam eine solche Option ganz sicher nicht vor. Wenn es an der Zeit war, dann würde auch ich wieder arbeiten gehen, meine Ausbildung als Dekorateurin abschließen und dazu beitragen, dass wir ein anständiges Leben führen konnten. Immerhin herrschten inzwischen ganz andere Bedingungen als damals, als meine Eltern aufgewachsen waren, mitten im Krieg. Die ausgehenden siebziger Jahre boten für junge Frauen ganz andere Möglichkeiten. Um über die Runden zu kommen, musste man ganz sicher nicht mehr putzen gehen!

Am 7.7.1977 – wir hatten uns dieses symbolträchtige Datum wie viele andere Paare extra ausgesucht – heirateten Thomas und ich. Es war kein rauschendes Fest, dazu waren die Begleitumstände zu kompliziert und unser Geldbeutel zu schmal. Aber ich versuchte, den Tag trotzdem zu genießen, auch wenn meine Schwangerschaft und die ungewisse Perspektive ein bisschen auf die Stimmung drückten. Als Nadine gut zwei Monate später auf der Welt war, war ich eigentlich recht zuversichtlich. Ich wusste ja, wie ich mit einem Säugling umgehen musste. Und ich bekam den Alltag als junge Mama anfangs gut in den Griff. Meine Schwiegermutter ließ mich zwar ab und zu spüren, dass ich ihrer Meinung nach ihrem Sohn das Leben gehörig versaut hatte. Bis auf diese gelegentlichen Vorwürfe jedoch bekamen wir von ihr und ihrem Mann ausreichend Unterstützung. Wenn unsere Waschmaschine den Geist aufgab, besorgte Thomas' Vater jemanden, der sie reparierte. Wurde mal das Geld knapp, drückten sie uns einen Schein in die Hand. Außerdem kümmerten sie sich rührend um ihre erste Enkeltochter, für die sich meine Eltern wiederum rein gar nicht interessierten. So konnten Thomas und ich am Wochenende auch mal zu zweit etwas unternehmen, auf ein Konzert oder ins Kino gehen. Was man halt so macht, wenn man selbst noch fast ein Kind ist.

Im Laufe der Zeit aber schien Thomas die Situation über den Kopf zu wachsen. Er stand als alleiniger Ernährer unserer kleinen Familie gehörig unter Druck. Und er konnte nicht damit umgehen, dass sich nicht mehr alles nur um ihn drehte. Ich hingegen tat mich leichter mit der Umstellung. Dass ich wegen anderer Menschen zurückstecken musste, kannte ich mein gesamtes Leben nicht anders. Doch mit zunehmender Dauer unserer Dreisamkeit ging ihm auch die räumliche Enge auf den eineinhalb Zimmern, die er bis vor kurzem noch alleine bewohnt hatte, auf den Keks. Genau in dieser schwierigen Phase passierte etwas, das nicht hätte passieren dürfen!

Von einem Tag auf den anderen fing ich mir einen fiesen Brechdurchfall ein. Tagelang lag ich flach und fühlte mich hundeelend, und meine beiden bevorzugten Aufenthaltsorte waren das Klo und das Bett. Kurz nachdem ich mich einigermaßen wieder berappelt hatte und die Normalität in unseren Tagesablauf zurückkehrte, glaubte ich, eine Veränderung an meinem Körper zu bemerken. Ich sah sie nicht, aber ich fühlte, dass sie da war. Zur Sicherheit ließ ich mich beim Frauenarzt meines Vertrauens untersuchen, aber der Doktor gab Entwarnung und beruhigte mich.

»Dat is' nur die Hormonumstellung nach der Schwangerschaft, machen Sie sich keine Sorgen«, sagte er zu mir. »Da is' gar nix!«

Komischerweise hielten meine Gefühle trotz dieser eindeutigen Diagnose an. Nach einigen Wochen fasste ich mir ein Herz und ging zu einem anderen Arzt, um der Sache lieber nochmals auf den Grund zu gehen. Erneut wurde ich fachmännisch abgetastet, und auch ein Ultraschall stand dieses Mal auf dem Programm.

»Kein Wunder, dass Sie nicht ganz auf der Höhe sind«, bekam ich diesmal zu hören. »Da sag ich mal: Herzlichen Glückwunsch! Sie sind im fünften Monat.«

In diesem Augenblick ging für mich die Welt unter.

Im allerersten Moment plagte mich mein Gewissen ganz entsetzlich, weil ich in der letzten Zeit wieder begonnen hatte zu rauchen. Ich sah mich schon im Kreißsaal liegen und ein Kind im Arm halten, dem ein Bein oder ein paar Finger fehlten. Zweitens machte ich mir natürlich riesengroße Sorgen um unsere Existenz. Was mit einer Tochter gerade so funktionierte, konnte mit einem weiteren Baby kaum gut gehen – obwohl Thomas mittlerweile ausgelernt hatte und voll in den Beruf eingestiegen war. Ein Klempner verdiente aber damals nur rund 700 Mark, dazu kam das Kindergeld und ab und zu ein kleiner Zuschuss von den Schwiegereltern. Das war's. Im Gegenzug brauchten wir möglichst schnell eine größere Wohnung, weil wir kaum zu viert auf unseren

30 Quadratmetern hausen konnten. Mir war klar: Mit all den Kosten und den zusätzlichen Ausgaben für gleich zwei Kinder würden wir finanziell auf lange Sicht keine großen Sprünge mehr machen können – schon eine Packung Windeln schlug schließlich mit rund 30 Mark zu Buche!

Und ein Rechtsanspruch auf einen Kita-Platz gab es natürlich auch noch lange nicht. Doch das, was sich der Gesetzgeber vor ein paar Jahren so schön ausgedacht hatte, funktioniert heute ja immer noch nicht richtig. Nur wegen eines Bundestagsbeschlusses haben sich die zusätzlichen Einrichtungen nämlich erstaunlicherweise nicht von selbst gebaut, und die dringend benötigten Erzieherinnen und Erzieher sind leider auch nicht einfach in der Arbeitsagentur zur Tür hereinspaziert. Die Flüchtlingskrise hat den Mangel noch verschärft, sodass schätzungsweise mal eben 200 000 Betreuungsplätze fehlen, Tendenz steigend.

Unseren bald doppelten Nachwuchs tagsüber irgendwo unterbringen zu können war ein unerfüllbarer Wunschtraum. Immerhin fanden wir als günstigste Alternative bald eine rund 50 Quadratmeter große Bleibe für 168 Mark Miete. Nun verfügten wir über drei – wenn auch winzige – Zimmerchen, und preislich war das gerade noch im Rahmen. Kurze Zeit später waren wir tatsächlich vier – Nadine hatte mit Sabrina ein Gott sei Dank gesundes Schwesterchen bekommen, das zwei

Beine und alle Finger besaß. Davon überzeugte ich mich, noch bevor die Hebamme alle weiteren Untersuchungen in die Wege leiten konnte.

Die nächsten Jahre kümmerte ich mich intensiv um meine beiden kleinen Töchter, die altersmäßig nicht einmal zwei Jahre auseinanderlagen. Natürlich bedeutete das auch, dass meine Lehrstelle im »Haus der Dame« ein für alle Mal passé war. Für acht Stunden konnte und wollte ich weder Nadine und schon gar nicht Sabrina in fremde Hände geben, und Herr Thiel musste endgültig einen Ersatz für den Ersatz suchen, der ich ja schon gewesen war. Mir tat das unendlich leid, denn ich war wirklich gerne dort arbeiten gegangen und konnte mir auch gut vorstellen, diesen Job ein Leben lang auszuführen. Aber die Realität sah nun einmal anders aus. Schuld daran war nur ein dämlicher Brechdurchfall, der die Wirkung meiner Pille zunichtegemacht und alle unsere Pläne durchkreuzt hatte. Aber ein bisschen dämlich war wahrscheinlich auch ich, denn ich hatte einfach nicht über derartige Folgen nachgedacht, als ich mir während der Krankheit die Seele aus dem Leib kotzte.

Just zu dem Zeitpunkt, als sich Thomas mit der Situation bei uns zu Hause langsam arrangiert und auch ich meinen Frieden mit dem unerwarteten Nachwuchs und der zeitgleichen Beerdigung meiner Dekorateurinnen-Träume gemacht hatte, schlug das Schicksal erneut zu: Während seiner Arbeit stürzte Thomas von einem Garagendach. Er hatte gerade noch Glück im Unglück. Es war nichts gebrochen, und der Sturz an und für sich wäre kein großes Problem gewesen, denn seine Verletzungen waren nach ein paar Wochen wieder verheilt. Bei der fälligen Röntgenuntersuchung stellte sich allerdings heraus, dass die Knochen seiner Wirbelsäule, seiner Knie und seiner Hüfte nicht mehr stabil genug waren, um weiterhin den Belastungen seines Jobs standzuhalten. Thomas hatte zwar immer mal wieder über Rückenschmerzen geklagt, war aber natürlich nie zum Arzt gegangen. Jetzt hatte er den Salat: Mit gerade einmal 22 Jahren und der Diagnose einer offensichtlich unumkehrbaren Knochenerkrankung war er berufsunfähig.

Das Arbeitsamt schickte ihn zur Umschulung. Er sollte nun nicht mehr als Klempner arbeiten, zu dessen Aufgaben es gehörte, auf Hausdächern und Schornsteinen herumzuklettern. Der Sachbearbeiter war sich stattdessen sicher, dass sein Körper mit der Tätigkeit als Heizungstechniker besser zurechtkommen würde. Ich verstand zwar nicht ganz, was daran weniger anstrengend für einen kaputten Rücken sein würde, wenn man anstatt auf Dächer zu steigen in Kellern herumkriechen sollte. Aber anscheinend gehörten auch viele theoretische Angelegenheiten zu dem neuen Job. Viel schlimmer für uns alle war, dass er für diese Umschulung vier Semester lang wieder zur Schule gehen musste. Während dieser Zeit erhielt er zwar 90 Prozent seines letzten Nettoeinkommens vom Amt. Urlaubsgeld, Weihnachtsgeld oder die ganzen Überstunden, die er regelmäßig geschoben hatte, waren aber von der Berechnung ausgenommen. Unterm Strich herrschte nun nicht mehr erst am Monatsende Ebbe in unserem Geldbeutel, sondern schon ein paar Tage zuvor. Das konnte nicht zwei volle Jahre so weitergehen.

Darüber, wie unser Familienalltag wirtschaftlich funktionieren sollte, machte sich beim Arbeitsamt aber keiner Gedanken. So wie uns damals geht es allerdings immer noch vielen Menschen, die aus verschiedensten Gründen zu einer solchen Fortbildung geschickt werden: Über 900 000 Männer und Frauen befanden sich zuletzt in einer solchen »arbeitsmarktpolitischen Maßnahme«, wie das Ganze im gruseligen Beamtensprech heißt. So sinnvoll es auch ist, diesen Leuten eine neue Perspektive aufzuzeigen, so sehr wird man in der Zwischenzeit aber auch alleine gelassen mit seinen Problemen. Zwar gibt's heutzutage einen kleinen Zuschuss für Kinderbetreuungskosten und hinsichtlich des Arbeitslosengeldes existieren einige Sonderregelungen. Wenn sich der Bezugszeitraum aber dem Ende entgegenneigt oder sich der frühere Lohn aus etlichen Sondervergütungen zusammengesetzt hat, hat man Pech gehabt.

Nadine ging zu diesem Zeitpunkt gerade in den Kindergarten. Sie machte das nicht besonders gerne, und es war jeden Tag ein harter Kampf, meine schreiende und heulende Große dort abzuliefern. Sabrina war mit knapp zweieinhalb Jahren noch zu jung für den Kindergarten. Sie hielt mich daher zu Hause ordentlich auf Trab. Dadurch war die Entlastung für mich kaum spürbar, und ich konnte weiterhin nicht einmal einen kleinen Beitrag zu unserem Familieneinkommen beitragen. Als ich der Kindergärtnerin von unserem Dilemma erzählte, bot sie mir netterweise an, unsere kleine Tochter ebenfalls mit zu betreuen. Das hatte ich nicht erwartet. Aber es war ein echter Wendepunkt in unserem Leben: Werktags von 8 bis 12 Uhr waren die Mädels nun versorgt. Thomas marschierte unterdessen zur Berufsschule. Und ich hatte vier Stunden Zeit, mich darum zu kümmern, unser Einkommen aufzubessern. Ich wusste nur noch nicht wie.

»Sach ma' Susi, du suchst doch 'ne Möglichkeit zum Geldverdienen«, sagte eines Tages meine Nachbarin Gisela zu mir. Sie arbeitete aushilfsmäßig bei »Sinn«, einem großen Textilkaufhaus, und machte dort sauber.

»Ja klar. Haste was?«

»Bei uns suchen sie jemand zum Saugen, dat is' immer morgens, bevor der Laden aufmacht.«

Ich wusste nicht recht, was ich davon halten sollte. »Sinn« war eigentlich keine schlechte Adresse, aber wenn ich da nun als Aushilfsstaubsaugtante anfing, war ich irgendwie nicht mehr allzu weit entfernt von der düsteren Prophezeiung meines Vaters. Andererseits brauchten wir das Geld. Und Saugen war ja streng genommen nicht Putzen.

»Klingt gar nicht schlecht«, sagte ich nach kurzem Überlegen. »Ich kann's ja mal probieren.«

Also fing ich dort an. Genauer gesagt: Ich fing bei einer Firma an, die wiederum von »Sinn« für alle derartigen Tätigkeiten beauftragt war. Ich wunderte mich anfangs ein wenig über diese komische Konstruktion und fragte mich, warum ein so großes Kaufhaus seine Sauberkeit nicht selber in die Hand nahm. Aber das konnte mir ja auch egal sein. Ewig würde ich das ohnehin nicht machen. Da spielte es keine Rolle, ob ich meine Kohle nun von »Sinn« oder der Firma »Falter« bekam, die als mittelgroßes Gebäudereinigungsunternehmen in zahlreichen Betrieben in ganz Gelsenkirchen im Einsatz war und die mich nun als Stundenkraft auf ihrer Mitarbeiterliste führte.

Es dauerte nicht lange, bis sich mein neuer Alltag einpendelte. Jeden Tag von 8 bis 10, nachdem ich Nadine und Sabrina im Kindergarten abgeliefert hatte, saugte ich bei »Sinn« den Teppich, damit das Geschäft ordentlich aussah, bevor der Kundenansturm losging. Manchmal guckte ich ein bisschen neidisch auf die Angestellten, die währenddessen die Schaufenster dekorieren oder die Puppen gestalten durften, so wie ich es auch im »Haus der Dame« gelernt hatte. Das hätte ich natürlich viel lieber gemacht. Aber Jammern brachte jetzt auch nix. Wenigstens kamen so ein paar Mark zusätzlich in unsere Haushaltskasse.

Ich bildete mir ein, dass mich die feinen Verkäuferinnen, die kurz vor Ladenöffnung ihren Dienst antraten, immer etwas verächtlich anschauten, wenn ich mit meinen letzten Handgriffen beschäftigt war. Nicht nur aus diesem Grund passte ich immer höllisch auf, dass mich niemand sah, wie ich bei »Sinn« durch den Hintereingang ein- und ausging. Ohne es zuzugeben, schämte ich mich für meine Arbeit, und ich erzählte außer meinem Mann niemandem davon. Trotzdem wurde nach einiger Zeit Frau Schmitz auf mich aufmerksam, eine alte Dame aus der Nachbarschaft, die anscheinend mitbekommen hatte, dass ich mittlerweile bei »Sinn« für die Bodenpflege zuständig war.

»Ich bin ja nun nicht mehr die Jüngste«, fing sie zögernd an. »Könnten Sie mir nicht vielleicht auch ein bisschen zur Hand gehen?«

»Ich weiß nicht recht«, antwortete ich und wollte mich nicht weiter auf das Gespräch einlassen. Ich kannte die Frau ja kaum, und bei fremden Leuten in der Wohnung herumzufeudeln, darauf hatte ich keine Lust.

»Es müsste wirklich nur der Hausflur gewischt werden – und das auch bloß alle zwei Wochen«, ließ Frau Schmitz nicht locker.

Alle zwei Wochen einen Flur wischen für ein paar Penunsen[5] extra, das hörte sich vielleicht doch gar nicht ganz so übel an. Wir plauderten noch ein bisschen, und ein paar Tage später wischte ich das erste Mal den Flur bei Frau Schmitz.

Dabei blieb es allerdings nicht. Zu Frau Schmitz gehörte nämlich auch Herr Schmitz, der noch ein Stück älter und noch ein Stück gebrechlicher war als seine sowieso schon alte und gebrechliche Gattin. Das hatte zur Folge, dass ich immer mehr in das Leben der Schmitzens mit einbezogen wurde. Ich wischte bald nicht nur den Flur, sondern erledigte auch die Einkäufe, scheuerte das Bad, machte die Küche sauber, putzte die Fenster oder half den beiden bei ihren alltäglichen Herausforderungen, die beinahe wöchentlich mehr wurden. Das meiste davon tat ich, ohne die dafür aufgelaufenen Stunden abzurechnen, weil ich wusste, dass mir Herr und Frau Schmitz diese von ihrer kleinen Rente sowieso nicht bezahlen konnten. Aber ich hatte nach einiger Zeit eine gewisse emotionale Beziehung zu ihnen aufgebaut und fühlte mich ihnen verpflichtet. Blöd an der Sache war nur, dass sich das langsam auswuchs.

»Sach ma Susi, kannste mich mal dat Sauerkraut vorbeibringen?«, sagte Frau Schmitz, wenn ihr das Sauerkraut für das Mittagessen ausgegangen war.

»Sach ma Susi, kannste mal die Glühbirnen gucken?«,

---

[5] (eine nicht sehr große Menge) Geld

sagte Herr Schmitz, wenn am Abend eine Glühbirne kaputt gegangen war.

Natürlich brachte ich mittags das Sauerkraut vorbei und guckte abends nach den Glühbirnen. Zwar hatte das Ehepaar auch zwei leibliche Kinder, die sich aber einen feuchten Kehricht um ihre alten Eltern und deren Kram scherten. Ich dagegen war binnen kürzester Zeit zur vollumfänglichen Haushaltsdienstleisterin geworden, die es nicht übers Herz brachte, für einen halben Tag Arbeit mehr Geld zu verlangen als die zehn Mark, die ursprünglich mal als Pauschale für das Flurwischen ausgemacht waren – und erst recht nicht, einfach mal Nein zu sagen, wenn Herr oder Frau Schmitz mich in meiner Freizeit um etwas baten. Es war zum Verrücktwerden – auch, wenn ich auf diese Weise um die 30 D-Mark pro Woche zusätzlich mit nach Hause bringen konnte.

Während ich meinen Lohn bei »Sinn« dafür verwendete, unsere nach wie vor äußerst schmale Familienkasse aufzustocken, war das Geld, das ich bei den Schmitzens verdiente, meine Extraeinnahme für besondere Anlässe. Jeden Freitag, wenn bei den älteren Herrschaften Zahltag war, marschierte ich mit meinem Kuvert direkt zur Sparkasse und zahlte das, was ich bekommen hatte, sofort auf mein Sparbuch ein. Von diesem »Schmugeld«, wie ich es nannte, kaufte ich dann die Geburtstags- oder Weihnachtsgeschenke für die Kinder oder mal eine kleine Überraschung für Thomas. Für mich dagegen gab ich nix aus. Es reichte mir, wenn ich den anderen eine Freude machen konnte – und dabei selbst bestimmen durfte, was ich für sie kaufte und wie teuer das war.

»Frau Neumann, wir haben da ein kleines Problem«, sagte eines Tages die Vorarbeiterin von »Falter« zu mir. Sie überwachte sämtliche Tätigkeiten der Reinigungskräfte, die von ihrer Firma bei »Sinn« eingesetzt wurden, und war somit auch für mich kleine Aushilfe zuständig. »Wir haben leider den Auftrag verloren. Sie brauchen ab sofort nicht mehr hierherzukommen!«

Das war nun eine mittlere Katastrophe! Thomas marschierte noch immer jeden Tag zu seiner Fortbildung, und meine Schmitzens waren als Auftraggeber ebenfalls plötzlich weggefallen: Zuerst war völlig überraschend Frau Schmitz gestorben, und kurz darauf starb auch noch ihr Mann, vermutlich an gebrochenem Herzen. Sosehr mir die beiden gelegentlich auch auf den Wecker gegangen waren, so dramatisch war das Loch, das sich dadurch in unserem privaten Klingelbeutel wieder auftat. Ich hatte Angst um unsere Familie.

»Vielleicht gibt's ja noch 'ne andere Möglichkeit«, meinte die Vorarbeiterin. »Wir hätten da was in 'ner Metallfabrik. Das wäre allerdings erst nach dem Feierabend dort. So ab 17 Uhr.«

Da Thomas immer gegen vier Uhr nachmittags von der Schule zurückkam, sollte dies einigermaßen hinhauen. Ich besprach die Angelegenheit mit ihm, immerhin musste er sich dann ein paar Stunden um die Mädels kümmern. Aber er signalisierte mir, dass er seinen väterlichen Erziehungsauftrag auf die Reihe kriegen würde, also sagte ich der Vorarbeiterin zu. Während der nächsten Monate machte ich in der besagten Fabrik vor allem die Kaue sauber, in der sich die Arbeiter umzogen. Diese Aufgabe war schon etwas anspruchsvoller und leider auch deutlich unappetitlicher als die Tätigkeit bei »Sinn«, denn mit einem Staubsauger allein war es dort natürlich nicht getan. Aber ich biss die Zähne zusammen und rückte regelmäßig mit Wischmopp, Eimer und Lappen bewaffnet an, um den gesamten Dreck eines beschwerlichen Arbeitstages in der metallverarbeitenden Industrie zu beseitigen. Immer vor Augen hatte ich dabei, dass ich dies nur so lange machen musste, bis Thomas endlich als Heizungstechniker anfangen konnte. Und das sollte hoffentlich nicht mehr allzu lange dauern.

Zu allem Überfluss entwickelte er in letzter Zeit eine unerklärliche Eifersucht. Er kam offenbar nicht damit zurecht, dass ich täglich aus dem Haus ging und er mich so nicht unter Kontrolle zu haben glaubte. Aber was sollte ich machen? Für das Schrubben unserer Wohnung bekam ich keine Kohle. Also musste er da durch. Auch seine Eifersucht würde sich sicherlich wieder legen, wenn er wieder eine ordentliche Anstellung bekam.

Allerdings bekam ich schnell zu spüren, dass die Dienstleistungsbranche, die damals freilich noch gar nicht so genannt wurde, ein ziemliches Haifischbecken war. Auch in der Metallfabrik verlor »Falter« nämlich bald den Auftrag an einen offenbar günstigeren Mitbewerber. Und schon wieder nahm mich die Vorarbeiterin beiseite und bot mir an, in ein anderes Gebäude zu wechseln. Diesmal sollte es das Gelsenkirchener DGB-Haus sein, in dem ich als Reinigungskraft für ein gesamtes Stockwerk zuständig wäre. Ich hatte mit der Gewerkschaft zwar nicht allzu viel am Hut. Aber ich dachte mir, dass diese Leute wenigstens nicht die Nase rümpfen, wenn ich dort zum Saubermachen anrücke.

Dafür hatte der DGB leider ganz andere Prinzipien: Der Kreisvorsitzende entschied, keine geringfügig Beschäftigten für den Verband arbeiten zu lassen. Dieser Begriff war damals noch ganz neu im deutschen Arbeitsrecht, er war erst 1977 eingeführt worden: Man durfte so seinerzeit maximal 15 Stunden pro Woche arbeiten und ein Fünftel des Durchschnittslohnes verdienen – letzterer lag bei rund 2400 Mark im Monat. Dafür waren Arbeitgeber und Arbeitnehmer von der Sozialversicherungspflicht befreit, was aber auch bedeutete, dass keinerlei Ansprüche auf Leistungen aus Renten-, Arbeitslosen- oder Krankenversicherung bestanden. Der DGB fand das ungerecht und stellte aus politischen Gründen plötzlich selber nur noch Arbeitskräfte ein, die einen festen Arbeitsvertrag erhielten und auf Lohnsteuerkarte angestellt waren. Was von den Gewerkschaftsbossen gut gemeint war, entpuppte sich in meinem Fall aber als Bumerang: Als verheiratete Frau wurde ich in die Steuerklasse V eingestuft. Mein Einkommen halbierte sich damit auf einen Schlag!

Damit sich der Job für mich finanziell überhaupt noch lohnte, bekam ich noch eine weitere Etage dazu. Damit putzte ich nun vier Stunden am Tag – das war doppelt so lang wie anfangs bei »Sinn«. Und doch blieb mir von der Plackerei netto deutlich weniger übrig als zuvor, weil mir jetzt sämtliche Sozialabgaben wieder abgezogen wurden. Langsam dämmerte mir, dass das alles in die falsche Richtung ging. Aber diese Erkenntnis nutzte mir natürlich nichts: Unsere Rechnungen mussten bezahlt werden, und wenigstens ab und zu wollte ich unseren Töchtern auch noch etwas Schönes kaufen. Wir sparten eh schon an allen Ecken und Enden.

Außerdem war die Arbeit hier halbwegs angenehm. Ich konnte nicht gerade behaupten, dass mir das Putzen besondere Freude bereitete. Aber meine ursprüngliche Vermutung stellte sich schnell als richtig heraus: Niemand guckte mich schief an, wenn ich in meinem nicht besonders schicken Kittel und mit meinen Utensilien ankam. Stattdessen begegneten mir die Menschen dort auf Augenhöhe, und ich wurde von allen Mitarbeitern genauso freundlich begrüßt wie jeder andere Kollege, der einer Bürotätigkeit nachging. Dieser gegenseitige Respekt trug dazu bei, dass ich nicht vollends durchdrehte. Denn der Satz meines Vaters spukte noch immer jede Nacht aufs Neue in meinem Kopf herum: »Du wirst nochmal als Putzfrau enden!« Für den Moment hatte mein alter Herr tatsächlich recht behalten. Aber eines hoffentlich nicht allzu fernen Tages würde auch diese belastende Übergangsphase vorbei sein. Thomas würde als ausgebildeter Heizungstechniker gut für uns vier sorgen können. Und ich würde den Haushalt schmeißen, die Kinder großziehen, jeden Tag etwas Anständiges kochen und – wenn die Mädels groß genug waren – vielleicht doch irgendwann wieder in meinem Traumberuf arbeiten.

Nach zwei überaus mühsamen Jahren war es endlich so weit: Mein Mann hatte die Fortbildung mit Bravour bestanden. Er war inzwischen 24 und strotzte vor Tatendrang. Ich war wirklich stolz auf ihn, dass er das alles so zielstrebig durchgezogen hatte – und auch auf mich, dass ich in der Zwischenzeit in meinem nicht besonders angenehmen Aushilfsjob durchgehalten hatte. Ich spürte, dass er endlich seiner Rolle als alleiniger Ernährer seiner Familie gerecht werden wollte. Das Ende der Maßnahmen brachte es mit sich, dass das Umschulungsgeld auslief und Thomas sich arbeitslos melden musste. Wir mussten uns also noch ein bisschen stärker einschränken als zuvor. Aber es konnte sich im Grunde genommen nur um ein paar Wochen handeln, bis er eine Anstellung in seinem neuen Metier finden würde.

Gemeinsam schrieben wir Bewerbungen. Anfangs waren wir guter Dinge, und auch, als nach ein paar Tagen die ersten Absagen eintrafen, dachten wir uns nichts dabei. Klar, die wirtschaftliche Lage sah gerade insgesamt nicht besonders rosig aus: Die goldenen Jahre des Ruhrgebiets waren vorbei, die ersten Zechen mussten schließen – und mit ihnen gingen jedes Mal eine Handvoll anderer Betriebe den Bach runter. Aber ein junger Mann mit einer derartigen Qualifikation würde meiner festen Überzeugung nach trotzdem nicht dauerhaft ohne Job bleiben können. Das Arbeitsamt hatte ihm ja genau diesen Beruf empfohlen – und die Fachleute dort wussten bestimmt, warum sie das taten.

Zwei, drei Monate später wurde mir etwas mulmig. Mittlerweile hatte Thomas bestimmt hundert Mappen abgeschickt und kaum eine davon wieder zurückbekommen – von Einladungen für Bewerbungsgespräche ganz zu schweigen. Alleine die Kosten für die Passfotos summierten sich langsam auf einen Betrag, der einer ganzen Kaltmiete nahe kam. Mit jedem Tag mehr, den er zu Hause bleiben und auf Nadine und Sabrina aufpassen musste, verschlechterte sich seine Stimmung. Parallel dazu nahm ich notgedrungen im DGB-Haus jede Überstunde an, die ich bekommen konnte. Teilweise putzte ich nun von 8 bis 21 Uhr, was wiederum auch meine Laune nicht gerade besserte. Vom größer werdenden Frust ihrer Eltern bekamen leider auch unsere Kinder etwas mit. Thomas war als Ersatzmama immer öfter überfordert, und auch ich hatte am Abend kaum noch Kraft, mich um die beiden zu kümmern.

»Hast du nicht mal geschafft, das Geschirr abzuspülen?«, pflaumte ich meinen Mann an, wenn ich sah, dass sich in der Küche die Teller, Tassen und Gläser des gesamten Tages angesammelt hatten.

»Warum weint denn unsere Kleine ständig?«, fragte ich wütend, wenn Sabrina mal wieder Rotz und Wasser heulte, als ich zur Tür hereinkam.

»Die Wäsche wäscht sich nicht von alleine«, stellte ich schnippisch fest, wenn ich den übervollen Korb im Schlafzimmer bemerkte.

»Immer nur nölen, dat is' auch alles, was du kannst«, knötterte Thomas jedes Mal zurück.

Dann schrien wir uns meistens noch ein paar Minuten an – und mehr Gesprächsstoff gab's an manchen Tagen nicht.

Mir war klar, dass die momentane Situation unsere Beziehung massiv belastete. Das konnte auf Dauer natürlich nicht gut gehen. In dieser schwierigen Phase entwickelte sich ausgerechnet das DGB-Haus zu einer Art persönlichem Ruhepol. Während ich anfangs noch jede Minute verfluchte, die endlos langsam verstrich, wenn ich wieder ein Stockwerk nach dem anderen wischen musste, war die Putzerei inzwischen für mich eine willkommene Abwechslung zum unerträglichen Dauerstreit zu Hause. Außerdem bekam ich hier wenigstens gelegentlich ein nettes Wort zu hören – auch und besonders vom Ehepaar Ritter, das in einer Dienstwohnung im obersten Stockwerk wohnte, weil Herr Ritter vom Gewerkschaftsbund ursprünglich als Hausmeister angestellt worden war.

Der arme Mann litt seit einiger Zeit an Krebs, weshalb seine Frau nach und nach sämtliche Hausmeistertätigkeiten übernahm. Das wiederum führte dazu, dass ich ihr immer wieder zur Hand ging, wenn sie zum Beispiel die schwere Papierpresse im Keller nicht allein bedienen konnte oder sich nicht traute, auf die Leiter zu steigen, um die Neonröhren im Büro auszutauschen. Außerdem brauchte sie dringend einen Gesprächspartner, um wenigstens halbwegs mit der Krankheit ihres Mannes umgehen zu können. Das traf sich wirklich gut, denn einen Gesprächspartner benötigte ich ebenfalls. Also freundeten wir uns an.

»Wollen Sie nicht vielleicht den Hausmeisterjob machen?«, fragte sie mich unvermittelt, nachdem wir uns mal wieder ausführlich über unsere jeweiligen Probleme ausgetauscht hatten und Frau Ritter mir klarmachte, dass es nicht mehr lange gut gehen würde mit ihrem sterbenskranken Ehemann und der Doppelbelastung, der sie durch seinen Krebs und ihre Maloche ausgesetzt war.

»Eigentlich wär dat' ideal«, sagte ich sofort und ohne nachzudenken – und spielte schon mal den Gedanken durch, von »Falter« etwas Geld fürs Saubermachen zu bekommen und vom DGB einen kleinen Hausmeisterlohn. Das Problem war nur, dass die Dienstwohnung der Ritters gerade einmal 40 Quadratmeter umfasste – das waren noch mal zehn Quadratmeter Wohnfläche weniger, als wir besaßen und auf denen wir uns schon die meiste Zeit tierisch auf den Zeiger gingen. Ich schilderte Frau Ritter meine Bedenken und hakte die Sache innerlich bereits wieder ab.

»Wissen Se' wat? Ich sprech' da mal mit dem Bornemann drüber«, versprach sie mir.

Walter Bornemann war damals der DGB-Kreisvorsitzende in Gelsenkirchen, in Sachen Gewerkschaft gewissermaßen der King of Curry und somit auch der Hausherr vom ganzen Arbeiterpalast. Und tatsächlich kam er einige Tage später direkt auf mich zu, als ich einmal mehr auf den Fluren des ihm anvertrauten Gebäudes für streifenfreien Glanz sorgte. Er redete nicht lange um den heißen Brei herum, sondern hielt mir einen maßstabsgetreuen Plan des vierten Stockes unter die Nase. In dem befanden sich im Moment noch die Räumlichkeiten der Gewerkschaft ÖTV, die aber in der nächsten Zeit aus dem Gemeinschaftshaus ausziehen wollte, um sich ihrer Bedeutung entsprechend zu vergrößern.

»Das ganze Geschoss wird frei. Zeichnen Sie doch einfach mal ein, wie groß die Wohnung für Sie und Ihre Familie Ihrer Ansicht nach sein sollte«, sagte Herr Bornemann mit ernster Miene, während ich sein Angebot für einen guten Witz hielt. Dennoch nahm ich den Plan mit nach Hause und setzte mich zusammen mit Thomas an den Wohnzimmertisch. Wir nahmen einen Bleistift, atmeten tief durch – und zogen übermütig ein paar Linien, die schlussendlich fast die halbe Etage umfassten.

»Susi, wenn die uns davon die Hälfte wieder wegstreichen, dann reicht's gerade«, sagte er und lächelte mich an. Ich hatte ihn seit Wochen nicht mehr lachen gesehen und spürte auf einmal so etwas wie Rückenwind. »Stimmt«, antwortete ich, nahm ihn in den Arm und war gespannt, wie Bornemann auf unsere unverschämte Grundrissplanung reagieren würde.

»Lassen Sie mal sehen. Aha, so so, nun gut«, murmelte der Gewerkschaftschef am nächsten Tag, als wir ihm seinen Bauplan zurückgaben – und machte erstmal eine lange Pause. Zur Sicherheit hatte ich Thomas zu dem Gespräch mitgenommen, weil ich nicht die Traute hatte, alleine mit dem Entwurf zu so einem hohen Tier zu gehen. Wahrscheinlich würde der Bornemann gleich explodieren. Aber wir hatten es wenigstens versucht.

»Naja, das können wir schon so machen. Wir richten Ihnen außerdem noch ein Badezimmer und eine Gästetoilette ein, und neu streichen tun wir die Bude auch. Nur den Boden, den müssten Sie bitte selber machen. Teppich, Laminat, was Ihnen halt gefällt.«

Ich wusste nicht, was ich sagen sollte.

»Ach so: Eine Bedingung habe ich noch«, schob Bornemann nach. »Sie müssen erst den Arbeitsvertrag als Hausmeisterin unterschreiben. Sonst kann ich Ihnen die Wohnung leider nicht geben.«

Ich war fassungslos. Noch nie zuvor hatte ich einen solchen Vertrauensvorschuss von einem Fremden bekommen. Objektiv gesehen war ich lediglich eine Aushilfsputzkraft, die von einem anderen Unternehmen hierher abkommandiert worden war und die keinerlei fachliche Qualifikation für eine Hausmeistertätigkeit besaß. Aber nicht nur Frau Ritter hatte ein gutes Wort für mich eingelegt. Anscheinend hatte sich Herr Bornemann auch bei etlichen weiteren Mitarbeitern über mich erkundigt. Und diese Auskünfte reichten ihm als Leumund. Nachdem ich mich wieder einigermaßen gesammelt hatte, wurde mir klar, dass das Angebot gerade womöglich die Chance meines Lebens darstellte. Und es war noch nicht mal vollständig!

»Was ist eigentlich mit Ihnen?«, fragte Heinz Bornemann plötzlich Thomas, der bis dahin schweigend und staunend neben mir gestanden hatte.

»Ich hab' gerade meinen Heizungstechniker gemacht«, stammelte er. »Aber momentan is' schwierig, dat wissen Se' ja. Überall nur Absagen.«

»Heizungstechniker, so so. Könnte sein, dass gerade bei der Stadt was frei geworden ist. Darf ich mich denn für Sie verwenden?«

»Ja klar«, antwortete Thomas mit großen Augen und wusste danach auch nicht mehr, was er sagen sollte.

Vier Wochen später hatte er eine Anstellung im Hochbauamt der Stadt Gelsenkirchen, während die Umbauten in unserer neuen Wohnung fast abgeschlossen waren. Wir verfügten nun über komfortable 113 Quadratmeter Wohnfläche, für die wir 280 D-Mark inklusive aller Nebenkosten bezahlten. Und ich bekam neben meinem schmalen Putz-Lohn von »Falter« ein zusätzliches Einkommen in Höhe von 630 Mark für meinen neuen Nebenjob als Hausmeisterin beim DGB. Es war wie ein Sechser im Lotto!

Einen Monat später standen auf unserem Kontoauszug dort, wo immer der Saldo steht, zum ersten Mal seit Jahren keine roten Zahlen mehr. So albern das auch klingen mag: Ich musste den kleinen Zettel einfach immer wieder durchlesen, weil ich es kaum glauben konnte, was ich darauf sah. Natürlich hätte ich die Putzerei jetzt beenden können. Wir waren nicht mehr auf die Einnahmen daraus angewiesen, und die Hausmeistertätigkeit, für die ich ja nur aus unserer Wohnungstür heraustreten musste, nahm schon genug Zeit in Anspruch. Aber ich wollte erstaunlicherweise gar nicht aufhören zu putzen. Erstens, weil ich von »Falter« natürlich immer noch für dasselbe Gebäude zugeteilt war, in dem ich nun auch wohnte. Und zweitens – und das war wirklich seltsam – weil es anfing, mir Spaß zu machen.

Langsam, aber sicher schien nach all den Enttäuschungen und Entbehrungen der vergangenen Jahre Normalität in unser Leben einzukehren. Die Mädels gingen nun in die erste und zweite Klasse. Thomas war mit der Anstellung bei der Stadt zufrieden, und ich genoss es, meinen Arbeitsplatz direkt vor der Wohnungstür zu haben. So konnte ich mir meine Aufgaben perfekt einteilen, und Zeit für den ein oder anderen kleinen Plausch mit den Gewerkschaftsleuten blieb auch noch.

Weil die Möbel unserer bisherigen Hütte nicht ansatzweise für die größere Wohnung ausreichten, dauerte es eine ganze Weile, bis wir uns komplett eingerichtet hatten. Wir sparten eisern – und konnten uns irgendwann eine gemütliche Sofaecke aus dem Möbelhaus leisten, dazu eine moderne Schrankwand und eine neue Küche. Sogar einer dieser damals neuartigen Heimcomputer für unglaubliche 2800 Mark war drin, weil sich Thomas einbildete, unbedingt so ein Ding haben zu müssen. Ich ahnte nicht, dass dieses Gerät der Anfang vom Ende unserer Ehe sein würde.

Zu seiner krankhaften Eifersucht, die leider mit der zunehmenden Selbstständigkeit unserer Kinder immer schlimmer geworden war, gesellte sich nun auch noch ein bedenkliches Hobby: Wann immer er eine freie Minute hatte, setzte er sich an sein neues Spielzeug und daddelte darauf herum. In der übrigen Zeit kontrollierte und gängelte er mich. Er rief vom Betrieb aus zu Hause an, um festzustellen, wann ich arbeitete und ob ich alleine war. Das war ich aber nicht immer, denn schon wegen der räumlichen Nähe interessierte ich mich für die Arbeit der Gewerkschaft. Außerdem brauchte ich plötzlich dringend deren fachkundigen Rat.

»Dieses Formular müssten Sie mir bitte noch unterschreiben«, forderte die für mich zuständige Objektleiterin von »Falter« unvermittelt, nachdem sie mir feierlich den Generalschlüssel für das gesamte Haus in die Hand gedrückt hatte.

Ich las den Wisch durch und blieb an der Stelle hängen, an der die Kosten für einen Verlust des Schlüssels aufgeführt waren.

»Wenn ich dat Ding verliere, soll ich 15 000 Mark bezahlen?«, fragte ich entsetzt.

»Genauso isses«, sagte die Objektleiterin. »Müssen Sie eben gut drauf aufpassen.«

Ich bekam es mit der Angst zu tun, denn einerseits wollte ich mich nicht mit meiner Putz-Chefin anlegen. Andererseits hätte ich natürlich ein riesengroßes Problem gehabt, wenn mir der Generalschlüssel tatsächlich abhandengekommen wäre. Nachdem ich die Geschichte kurz darauf auf dem Flur einer Gewerkschaftsmitarbeiterin erzählte, die ich mittlerweile vom Sehen kannte, bekam ich einen Rat, der mein Leben verändern sollte.

»Mensch, geh' doch einfach mal runter zur IG Bau.

Die sind dort für dich zuständig. Am besten meldest du dich gleich beim alten Fritz, der kann dir sicher helfen.«

Ich wunderte mich zwar, was eine putzende Hausmeisterin oder eine hausmeisternde Putzfrau mit dem Baugewerbe zu tun haben sollte, aber nach einem kurzen Gespräch im Info-Büro war klar, dass mir diese Organisation in meinen Belangen durchaus zur Seite stehen konnte.

»Gez wirste erstmal Mitglied bei uns«, sagte der alte Fritz, nachdem er das Schreiben der Firma »Falter« durchgelesen hatte.

»Und dann kriegste noch einen Tipp: Dat is' Arbeitgeberrisiko. Dat musst du nicht unterschreiben.«

Genauso kam es auch. Die Vorarbeiterin wollte aber meine Weigerung nicht akzeptieren. Der alte Fritz hatte mich allerdings entsprechend präpariert, sodass ich der Dame mit stichhaltigen Argumenten begegnen konnte. Zum ersten Mal in meinem Berufsleben wehrte ich mich gegen eine Ungerechtigkeit von oben. Und aus diesem Grund besuchte ich anschließend auch die eine oder andere Veranstaltung, um mich darüber zu informieren, was die Herrschaften dieser IG Bau, in der ich nun neugieriges Neu-Mitglied war, sonst so trieben. Auch das passte Thomas natürlich rein gar nicht. Es war wirklich zum Verzweifeln: Gerade, als ich uns auf dem richtigen Weg wähnte, gab es schon wieder nur noch Stress zwischen uns beiden.

Zu Hause versuchte ich, mich mit der Herstellung kleiner Keramiken abzulenken. Während Thomas schweigend vor seiner komischen Kiste saß und auf flimmernde Striche und Punkte schoss, formte ich zusammen mit meinen Töchtern detailgetreue Kinderfiguren, die ich anschließend liebevoll bemalte. Die Bastelei lenkte mich ganz gut vom häuslichen Dauerkrach ab, hatte aber auch noch einen zweiten positiven Effekt: Alles, was ich über das Jahr an derartigen Arbeiten zusammenbrachte, verkaufte ich anschließend auf dem Weihnachtsbasar. Die Einnahmen bunkerte ich wieder auf meinem heiligen Sparbuch, auf das bereits mein Schmugeld von den Schmitzens und die ein oder andere heimlich beiseite gelegte Mark meines »Falter«-Lohnes gewandert war. Thomas hatte keinen blassen Schimmer, dass ich mir auf diese Weise beinahe 10 000 Mark zusammengesammelt hatte. Und auch wenn ich es mir noch nicht eingestehen wollte, spürte ich, dass ich diesen Notgroschen bald bitter benötigen würde.

Die IG Bau überredete mich, bei »Falter« für den Betriebsrat zu kandidieren. Ich hatte mir zuvor keinerlei Gedanken über ein derartiges Engagement gemacht. Aber nach der Sache mit dem Generalschlüssel dämmerte mir, dass die Vorgesetzten dort womöglich auch noch an anderen Stellen versuchten, ihre Mitarbeiter über den Tisch zu ziehen. Von meiner Staubsaugerei bei »Sinn« wusste ich, dass es sich bei meinen Kolleginnen hauptsächlich um Menschen handelte, die sich leicht beeinflussen oder einschüchtern ließen. Also trat ich bei der nächsten Abstimmung an – und wurde prompt gewählt.

Der Zoff mit Thomas jedoch wurde immer heftiger. Jede Minute, die für Betriebsratsaufgaben oder Fortbildungsmaßnahmen draufging, vermutete er mich in den Armen eines anderen Mannes. Ich sah langsam keinen Ausweg mehr, wie ich die Situation entschärfen konnte. Wir beschlossen, erstmals ohne die Kinder Urlaub zu machen, um die Kurve noch einmal zu kriegen. Also schickten wir in den Sommerferien Nadine und Sabrina auf den Reiterhof – und buchten uns für eine Woche in eine Ferienwohnung in Norddeich ein. Die ersten Tage verliefen verhältnismäßig harmonisch. Wir verbrachten viel Zeit am Strand, gingen spazieren und genossen das Meer und die gute Luft, die wir aus dem Pott nicht kannten. Doch dann eskalierte die Situation aus heiterem Himmel!

Während ich im Wasser ein paar Runden drehte, um mich abzukühlen, kam auf einmal ein fremder Hund auf mich zu. Ich bemerkte erst gar nicht, dass er sich an mich klammerte, weil die Wellen um uns herum recht hoch waren. Als ich aber an den Strand zurückkam, sah ich, dass ich ein paar blutige Kratzer an den Beinen hatte. Der Hundebesitzer entschuldigte sich mehrfach bei mir für das Verhalten seines Tieres und bot mir an, mich zum Arzt zu fahren. Ich aber empfand die Verletzung als harmlos und beruhigte den Fremden, der viel aufgelöster war als ich. Am nächsten Tag, Thomas und ich lagen wieder am Strand, kam der Mann auf mich zu und überreichte mir eine Schachtel Kekse sowie einen kleinen Blumenstrauß.

»Das ist nur eine kleine Entschädigung für Ihre Schrammen«, sagte der Hundebesitzer. »Ich hoffe, Sie können uns verzeihen.«

»Schon wieder so gut wie verheilt«, lachte ich und freute mich über die Aufmerksamkeit, mit der ich nicht gerechnet hatte.

Nachdem wir uns verabschiedet hatten, merkte ich schnell, dass sich Thomas' Laune im Kohlenkeller befand. Er zog eine Schlüppe und sagte kein Wort. Bis es eine gute Stunde später aus ihm herausbrach.

»Du hast dich doch nur von dem Köter kratzen lassen, um mit dem Macker ins Gespräch zu kommen. Glaub' nicht, dass ich dat nich' mitkrich'!«

Ich war vollkommen sprachlos, denn der Vorwurf war derart absurd, dass nicht mal mir etwas einfiel, was ich darauf hätte erwidern können. Thomas schimpfte noch einige Zeit vor sich hin, aber ich hörte ihm gar nicht mehr zu. In diesem Augenblick legte sich in meinem Kopf ein Schalter um. Zwei verlorene Urlaubstage später holten wir die Kinder auf dem Heimweg nach Gelsenkirchen auf dem Reiterhof ab. Als wir wieder zu Hause ankamen und die Mädels in ihren Zimmern verschwunden waren, zeigte ich meinem Mann die rote Karte.

»Es hat keinen Zweck mehr. Ich halt' das nicht mehr aus. Ich kann so nicht mit dir zusammenbleiben.«

»Dat kannst du nicht machen«, schrie er. »Dat lass ich mir nicht bieten!«

Aber ich ließ mich nicht mehr einschüchtern. Wir versuchten es wenig später noch mit einer Eheberatung, aber meine Entscheidung war bereits gefallen. Wenn ich jemals wieder glücklich sein wollte, dann musste ich hier einen Schlussstrich ziehen, sonst würde ich nie dem Gefängnis entkommen, das Thomas nach und nach um mich und unsere Familie herum aufgebaut hatte. Bis heute weiß ich nicht genau, warum er sich von einem liebenswerten, offenen Mann in einen unbeherrschten und argwöhnischen Psycho verwandelt hatte, der es nicht einmal verknusen konnte, wenn ich mich auf dem Elternabend in der Schule mit dem Vater einer Freundin von Nadine unterhielt. Vielleicht litt er an mangelndem Selbstwertgefühl, weil ich es war, die jahrelang für unser Einkommen gesorgt und unsere neue Wohnung organisiert hatte. Vielleicht war er auch mit den vielen Rückschlägen überfordert gewesen. Schlussendlich war das aber auch egal. Fakt war, dass wir getrennte Wege gehen mussten, damit wir nicht beide an dieser Beziehung zerbrachen.

Rein wirtschaftlich gesehen war die Trennung das

Schlimmste, was passieren konnte. So wie mir seinerzeit geht es Millionen von Frauen heute. Denn nach einem solchen Schnitt waren und sind es einer Untersuchung des Familienministeriums zufolge zu fast 95 Prozent die Mütter, die sich fortan um die Kinder kümmern. Rund ein Viertel der geschiedenen Frauen in Deutschland erhält darüber hinaus von den Ex-Partnern keinen Unterhalt – entweder, weil die Kerle nicht zahlen wollen oder wegen Arbeitslosigkeit nicht können. Auch deshalb verlieren Frauen im Jahr nach der Trennung demnach durchschnittlich ein Drittel des vorherigen Pro-Kopf-Einkommens. Und schon ist es wieder da, das verhängnisvolle Armutsrisiko von Frauen, die einfach deshalb zu wenig arbeiten konnten, weil sie nun mal vorwiegend für den Nachwuchs zuständig waren und es nach einer Scheidung erst recht blieben!

Meine eigene Scheidung verlief zu allem Übel leider auch noch ziemlich schmutzig. Thomas wohnte inzwischen bei seinem Bruder und zeigte keinerlei Entgegenkommen, die Sache gütlich zu regeln. Stattdessen nutzte er jede Gelegenheit, mich bei Freunden und Bekannten schlechtzumachen. Wir kommunizierten nur über unsere Rechtsanwälte und hatten uns persönlich rein gar nichts mehr zu sagen.

Zu allem Überfluss tauchten nun, nach knapp zehn Jahren nahezu völliger Funkstille, auch meine Eltern wieder auf. Sie hatten über meine kleine Schwester, zu der ich den Kontakt immer aufrechterhalten hatte, vom Scheitern meiner Ehe erfahren und versuchten, mir ins Gewissen zu reden. Ich verstand die Welt nicht mehr: Sie hatten sich so lange weder für mich noch ihre beiden Enkelkinder interessiert. Nun aber veranstalteten sie einen riesigen Zirkus, weil sie es nicht ertragen konnten, dass ihre Tochter eine geschiedene Frau werden würde. Mein Vater klapperte sogar die Gewerkschaftsbüros ab in der Hoffnung, dort auf jemanden zu treffen, der mich von meinem Entschluss abbringen konnte. Sein Hauptargument kannte ich allerdings schon:

»Susanne, du kannst dich doch nicht von einem städtischen Angestellten trennen! Was sollen denn die Nachbarn denken?«

3.

»Im Papierkorb is' noch Staub« – Mein neues Leben und ein berufliches Schlüsselerlebnis

In den ersten Wochen, nachdem Thomas ausgezogen war, krempelte ich mein Leben auf links. Ich ging zum Friseur und ließ mir die Haare kurz schneiden. Ich meldete mich in einer Fahrschule an, um erst den Auto- und anschließend auch noch den Motorradführerschein zu machen und endlich mobil zu sein. Und ich ging mit meinen Freundinnen aus – in dem Bewusstsein, dass zu Hause kein Ehemann mehr auf mich wartete, der mich mit völlig aus der Luft gegriffenen Vorwürfen konfrontierte. Das fühlte sich verdammt gut an. Ich setzte mich – vielleicht zum allerersten Mal überhaupt – an die erste Stelle meiner persönlichen Prioritätenliste. Außerdem fasste ich einen Plan: Ich wollte meine Berufsausbildung nachholen.

Nicht, dass mir mein Hausmeisterjob und die Putzerei die ganze Zeit nur auf den Senkel gingen. Aber als Dekorateurin zu arbeiten, in einem etwas angenehme-

109

ren Umfeld als einem grauen Bürokomplex und ohne jeden Tag einen hässlichen Arbeitskittel überstreifen zu müssen und den Dreck anderer Leute wegzuwischen – das war dann doch eine ganz angenehme Vorstellung. Wenn ich mich gerade schon so stark veränderte, konnte ich eigentlich auch meine berufliche Laufbahn auf ein anderes Gleis bringen. Frohen Mutes marschierte ich zum Arbeitsamt, um mir ein paar Ratschläge abzuholen, wie ich mein Vorhaben baldmöglichst umsetzen konnte. Bei Thomas damals hatten die das ja auch irgendwie ganz gut auf die Reihe bekommen.

»Das wird zwar nicht einfach, aber wir können ja mal mit einer Weiterbildungsmaßnahme beginnen«, sagte der Beamte und breitete vor mir einen Stapel Formulare aus.

»Prima«, antwortete ich. »Das kann ich doch bestimmt auch abends machen, nach der Arbeit.«

»Wie meinen Sie das, nach der Arbeit?«, fragte der Berater irritiert. »Eine Weiterbildung ist die Voraussetzung, dass Sie Ihre Ausbildung wieder aufnehmen können. Und dafür müssen Sie sich erstmal arbeitslos melden. Anders geht das nicht.«

Ich verstand die Logik dahinter nicht und war geknickt. Natürlich wäre es toll gewesen, eines Tages wieder in dem Beruf zu arbeiten, der mich seit Jugendtagen interessiert und der mir in den ersten Monaten im »Haus der Dame« so gut gefallen hatte. Aber wenn ich mich jetzt arbeitslos melden würde, würde das nicht nur bedeuten, dass sich meine Einkünfte auf einen Schlag drastisch verringerten, weil meine Ansprüche auf Arbeitslosengeld aufgrund meiner niedrigen Bruttolöhne am alleruntersten Rand lagen. Sondern auch, dass ich meine Bleibe im DGB-Haus von einem Tag auf den anderen hätte räumen müssen. Herr Bornemann war sicherlich ein zugänglicher Mensch. Aber er konnte mich selbstverständlich nicht in einer Hausmeisterwohnung wohnen lassen, wenn ich gar keine Hausmeisterin mehr war. Damit musste ich meine Träume schon wieder beerdigen. Das Risiko, meine gesamte Existenz aufs Spiel zu setzen, war einfach zu groß. Mir blieb eine Erkenntnis, die mich wieder an meinen Vater und seinen doofen Satz denken ließ: Biste 'ne Putze, bleibste 'ne Putze. Das musste ich wohl oder übel akzeptieren. Und genau genommen war das auch nicht weiter schlimm. Mit Ausnahme des fürchterlichen Glitzersprays vielleicht, das die lustigen Kollegen an Karneval immer versprühten und das ich wochenlang nicht aus dem Teppich bekam.

Dafür lernte ich Bernie kennen.

Meine Reinigungsrunde bildete stets das Ende meines Arbeitstages. Ich wartete geduldig, bis alle Angestellten gegen sechs, halb sieben ihre Büros verlassen hatten, um überall in Ruhe sauber machen zu können. Doch es war zum Verrücktwerden: Die Räumlichkeiten der IG Bau waren jedes Mal die letzten, in die ich hinein konnte – entweder waren die Jungs dort fleißiger als alle anderen, oder sie waren einfach nicht so schnell wie die Mitarbeiter der restlichen Gewerkschaften im Haus. Auch an diesem Abend saß dort noch ein einzelner, junger Sekretär herum und erschwerte so die Verrichtung meines Werks. Ich war genervt. Auch eine Putzfrau brauchte mal Feierabend, selbst wenn sie dazu nur drei Stockwerke nach oben spazieren musste.

»Haste noch was? Sonst mach' ich für heute Schluss, Kollege«, fragte ich den Mann, der in seine Unterlagen vertieft war. Er blickte auf, sah mich an und grinste.

»Jawoll. Dort im Papierkorb is' noch Staub.«

Das war der Gipfel der Frechheit! Solche Leute hatten überhaupt keinen Schimmer, welchem Elend und welchen Schwierigkeiten ich hier tagtäglich aufs Neue ausgesetzt war. Schließlich saß an jedem Schreibtisch ein anderer Charakter – der eine war halbwegs ordentlich, der andere ließ seine Zimmerpflanzen verdorren und trat die Blätter im Teppich fest. Einer hatte die ganze Ablage voller Familienfotos, bei einem anderen fand ich das halbe Mittagessen auf der Tastatur. Angesichts dessen konnte ich solche Macho-Sprüche nun gar nicht brauchen. Ich hatte zwar auch den Eindruck, dass der Typ das irgendwie witzig meinte, aber erstens teilte ich nicht diese Art von Humor. Und zweitens konnte ich das schon aus Prinzip nicht auf mir sitzen lassen. Also nahm ich den Eimer und stülpte ihn über seinen Kopf.

Damit hatte er nicht gerechnet. Er schrie laut auf, zog sich den Papierkorb von der Rübe und verfolgte mich. Wir rannten quer durch alle Büros, und als er mich eingeholt hatte, fingen wir beide aus vollem Herzen das Lachen an. Es war eine Situation, wie ich sie noch niemals zuvor erlebt hatte, aber: Von diesem doofen Augenblick an stimmte die Chemie zwischen uns beiden.

»Ich bin Bernd. Kannst aber Bernie zu mir sagen«, sagte er.

»Und ich bin Susanne. Kannst aber Susi sagen«, antwortete ich.

In den kommenden eineinhalb Jahren war Bernie für mich ein dankbarer und wichtiger Gesprächspartner. Wir redeten über Gott und die Welt, und zwischendurch erklärte er mir, was bei der IG Bau gerade so anstand. Ich berichtete ihm von meiner Betriebsratstätigkeit bei »Falter« und holte mir wichtige Tipps ab, wie ich mich in bestimmten Situationen verhalten sollte. Er fuhr selbst Moped und half mir bei meinen Führerscheinprüfungen. Und er suchte mit mir gemeinsam eine günstige Gitsche, damit ich endlich ein paar größere Besorgungen für mich oder die Kinder machen konnte.

Dass auch ich zum gesamtgewerkschaftlichen Betriebsausflug zur Talsperre Hullern eingeladen wurde, wunderte im Haus niemanden mehr. Die anderen hatten längst mitbekommen, dass Bernie und ich uns gut verstanden, und die Gerüchteküche brodelte. Allerdings war zwischen uns rein gar nix gelaufen; auch, weil Bernd seinerseits noch – wenn auch unglücklich – verheiratet war und ebenfalls auf die Scheidung wartete. Das schöne Wetter an jenem Donnerstag, die gelöste Stimmung untereinander und wahrscheinlich auch der rote Jenever, den ich entgegen all meiner sonstigen Gewohnheiten für den Ausflug gekauft und auch ordentlich verkostet hatte, taten ihr Übriges. Ich hatte einen in den Hacken. Und ich war verknallt.

Am nächsten Tag war ein stinknormaler Freitag im Gewerkschaftshaus, und ich war sicherlich nicht die Einzige, die einen ziemlichen Kater hatte. Trotzdem wurde überall tapfer bis 15 Uhr gearbeitet. Ich war mir nicht ganz sicher, wie ich die Ereignisse des Vortages bewerten sollte. Also wartete ich lieber mal ab. Wie immer machte ich erst am Abend meine Putzrunde. Und wie immer brannte bei der IG Bau noch Licht. Es war inzwischen kurz vor acht Uhr abends. Wenn es tatsächlich wieder Bernie war, der am Tag nach unserer Sause freiwillig so lange im Büro blieb, dann war das nicht wegen seiner Arbeit – sondern weil er auf mich wartete. Und dann konnte das gestern auch von seiner Seite aus kein Späßken gewesen sein. Tja, was soll ich sagen: Er war es.

Aufgrund des ganzen Scheidungswustes mit Thomas und weil ich nicht wirklich voraussehen konnte, wie die Sache am Ende finanziell für mich ausging, hatte ich derweil einen dritten Job angenommen. Ich war nun nicht mehr nur Hausmeisterin und Reinigungskraft. Sondern ich arbeitete auch noch nach meinem zwischenzeitlichen Feierabend am helllichten Tag drei bis vier Stunden in der Trinkhalle um die Ecke. Mein Leben war dadurch ziemlich ausgefüllt: Da ich schon immer ein Frühaufsteher war, machte es mir nichts aus, pünktlich um sechs Uhr morgens aus den Federn zu kommen und das Frühstück sowie das Pausenbrot für die Mädels vorzubereiten. Nachdem die zwo aus dem Haus waren, stand der Vormittag ganz im Zeichen meiner Hausmeistertätigkeit. Wenn ich hier mit dem Nötigsten durch war – und das hieß: Grünflächenpflege, Dach- und Lampenkontrolle, Müll-Entsorgung, Beauftragung von Handwerkern, Schlüsseldienst, Heizungsüberwachung und so weiter sowie im Winter natürlich Schneeräumen – stand bis 14 Uhr wiederum der Kiosk auf meinem Plan. Hier half ich dem Inhaber Herrn Durm, den mittäglichen Ansturm zu bewältigen. Ab Nachmittag, nachdem ich meinen Töchtern das Essen auf den Tisch stellte, ging ich dann putzen – und wartete, wie schon gesagt, zur Not so lange, bis die Angestellten auch das letzte Büro geräumt hatten. Tja, und oft fand am Abend noch eine Versammlung der IG Bau statt, an der ich teilnehmen wollte.

115

Wenn ich dann gegen elf Uhr ins Bett fiel, wusste ich, was ich in den 15 Stunden zuvor gemacht hatte! Nur am Samstag hatte ich frei, aber schon sonntags stand ich wieder von 15 bis 22 Uhr bei Herrn Durm am Tresen und bediente die Kunden, die das Wochenende bei ein paar Kalten ausklingen ließen.

Wer jetzt meint, dass das früher eben der Alltag einer schlecht verdienenden Putzfrau war, die noch dazu aus lauter Vorsicht einen notorischen Sparfimmel entwickelte, der täuscht sich leider: Heute bessern mehr Menschen als je zuvor ihr Einkommen mit einem Zweit- oder gar Dritt-Job auf! Mehr als 2,6 Millionen solcher Mehrfach-Arbeitnehmer gibt es derzeit in Deutschland, mit stark steigender Tendenz. Statistisch gesehen kommen diese Leute auf rund 50 Wochenstunden. Und man kann ziemlich sicher davon ausgehen, dass sie das nicht machen, weil sie sich im Sommerurlaub lieber ein Fünf- statt ein Vier-Sterne-Hotel leisten wollen. Sondern weil die Kohle sonst hinten und vorne nicht für das Nötigste ausreicht – schon gar nicht, wenn man Kinder hat, die ständig neue Klamotten brauchen, auf Schulfreizeit mitfahren wollen oder einen Geburtstagswunsch haben, den man ihnen erfüllen möchte. Dass da in Bezug auf die Familie einiges auf der Strecke bleibt, ist klar.

Auch ich wollte eigentlich viel mehr Zeit mit Nadine und Sabrina verbringen. Die Angst vor einer ungewissen wirtschaftlichen Zukunft trieb mich aber ständig

um. Und das zu Recht: Mein schönes, über viele Jahre er-
spartes Polster schmolz wegen der horrenden Anwalts-
und Gerichtskosten dahin. Immer mal wieder mussten
bereits ein paar größere Rechnungen eine Zeitlang un-
bezahlt bleiben, bis wieder frisches Geld ins Haus kam.
Das konnte natürlich nicht angehen. Im Nachhinein be-
dauere ich, dass ich weniger für meine Kinder da war, als
ich und sicherlich auch sie sich gewünscht hatten. Aber
ich konnte nicht aus meiner Haut. Bis zur endgülti-
gen Scheidung steckte ich noch immer in der ungüns-
tigsten aller Steuerklassen, und weil unter dem Strich
in jedem einzelnen Anstellungsverhältnis viel zu wenig
zum Leben übrig blieb, ging es eben nur auf diese kräf-
tezehrende Weise. Und ich brauchte auch diese Sicherheit, dass ich uns zumindest wieder eine kleine Rücklage
ansparen konnte, wenn es weiter hart auf hart kommen
und sich keine neue Perspektive auftun würde.

Wer wusste denn schon, wie es mit Bernie weiter-
ging? Wir verstanden uns prima, und wir konnten uns
beide gut vorstellen, dass das mit uns etwas Dauerhaftes
werden würde. Aber er war inzwischen zum Geschäfts-
führer der IG Bau in Gelsenkirchen ernannt worden –
und ich war nur die Putzfrau! Das war, rein objektiv
betrachtet, von der Konstellation her schon eine harte
Nummer, mit der vor allem er erstmal lernen musste
umzugehen.

Auch deshalb hielten wir unsere Beziehung über ein

Jahr lang geheim, zumindest nach außen. Im engeren Zirkel weihte ich ein paar Menschen ein, aber diese Offenheit stellte sich schnell als meine nicht gerade beste Idee heraus: Ich verlor sogar einige Bekanntschaften, weil manche vermeintliche Freundin, der ich mich in meiner emotionalen Not offenbarte, nicht damit zurecht kam, dass ich etwas mit einem verheirateten Mann angefangen hatte. Meine Noch-Schwiegereltern, zu denen ich im Gegensatz zu meiner eigenen Mutter und meinem eigenen Vater ein sehr inniges Verhältnis pflegte, wandten sich ebenfalls von mir ab. Das war aus deren Sicht natürlich absolut nachvollziehbar. Aber mir fiel es sehr schwer, weil sie selbst in den schwierigsten Zeiten mit Thomas eine Art Anker für mich und die Mädels gewesen waren. Ich haderte mit mir und magerte auf 48 Kilo ab. Der Stress mit den drei Anstellungen und das dauernde Gefühlschaos nagten stärker an mir, als ich mir selbst eingestehen wollte – zumal Bernd sein Privatleben ebenfalls erstmal auf die Kette bringen musste. Auch er hatte schließlich zwei Kinder. Und die brauchten ohne Zweifel ihren Vater, was für mich jedoch bedeutete, dass ich mich ganz hinten anstellen musste.

Doch auch diese Misere ging irgendwann vorüber. Die Schlammschlacht mit Thomas hatte ein unwürdiges Ende gefunden, aber es war wenigstens ein Ende. Als Bernds Scheidung dann ebenfalls endlich durch war, mussten wir uns nicht mehr verstecken. Während Nadine, die gerade 18 geworden war, unbedingt ihren eigenen Hausstand gründen wollte, zog er bei mir ein.

»Du kannst ein Zimmer für dich haben. Aber einen Zimmerservice bekommst du nicht«, stellte ich klar.

»Das geht in Ordnung, Susi«, sagte er und lächelte.

Nun hatten wir beide einen sehr kurzen Weg von der Wohnung bis zur Arbeitsstätte. Das war zwar schlecht für die Steuererklärung, weil sich eine Entfernung von drei Treppen abwärts kaum absetzen ließ. Aber es war verdammt gut fürs Allgemeinbefinden! Wenig später zog auch noch Sabrina von zuhause aus. Ich hatte meine Mädels immer zu großer Selbständigkeit erzogen, weshalb auch sie mit dem Erreichen der Volljährigkeit auf eigenen Beinen stehen wollten. Und so traurig es mich einerseits machte, dass beide Kinder aus dem Haus waren, so groß war andererseits auch meine Vorfreude auf die Ruhe, die nun hoffentlich in meinem Leben einkehren würde.

Doch auch diese Freude war leider verfrüht: Eines Tages, ich dachte an nichts Böses und putzte wie üblich den Flur, standen zwei dunkel gekleidete Anzugträger vor mir und musterten mich abschätzig. Ich hatte diese komischen Herren noch nie zuvor gesehen, aber manchmal reicht ja eine einzige, kurze Begegnung aus, um zu wissen, dass einem eine Menge Probleme bevorstehen. Die beiden Kerle stellten sich schnell als neue Mieter heraus, die künftig im Erdgeschoss eine Versicherungsagentur betreiben wollten. Zuvor hatte es bereits einige unliebsame Veränderungen in meiner kleinen Wohlfühloase gegeben: Die IG Bau, die GTB sowie die NGG mussten aus Spargründen aus dem Gebäude ausziehen und sich woanders mit vorhandenen Büros zusammenschließen. Das bedeutete für Bernd, dass er wieder einen deutlich weiteren Weg zu seiner Arbeitsstätte zurücklegen musste. Für mich wiederum hieß das, dass von einem Tag auf den anderen nicht nur viele liebgewonnene Ansprechpartner wegfielen. Ich hatte logischerweise auch deutlich weniger zu tun, weil etwa der zweite Stock des Hauses vollkommen leer stand. Und dieser Wegfall an Arbeit war natürlich mit weniger Putzlohn verbunden.

Darüber hinaus machten mir die Versicherungsfuzzis das Leben schwer: Sie behandelten mich wie eine Sklavin auf ihrer Galeere. Bis zu diesem Zeitpunkt hatte ich kaum negative Erfahrungen mit dem Verhalten anderer Leute mir als Putzfrau gegenüber gemacht, von einigen schrägen Blicken der Verkäuferinnen bei »Sinn« einmal abgesehen. Aber das, was diese aalglatten Typen abzogen, war einfach unverschämt und herabwürdigend. Auch wenn meine Eltern oftmals seltsame Weltanschauungen besaßen und ihre Erziehungsmethoden nicht immer mein vollstes Verständnis hervorriefen, so hatten sie mir doch eines beigebracht: den Respekt vor anderen Menschen, egal wo diese herkommen und was diese auch verdienen mögen. Hier war es gerade umgekehrt. Die neuen Hausgenossen schikanierten mich, wo sie nur konnten – und ließen mich spüren, dass ich für sie nur die dumme Putze war, die gefälligst ihren Unrat wegzuräumen hatte. Bernie war tagsüber weg, ich hatte kaum noch Gelegenheit auf einen Plausch und fühlte mich, wann immer ich auf einen dieser Peias[6] traf, als Person dritter Klasse.

Nicht nur, dass sie mich persönlich herumkommandierten oder mich ständig kritisierten. Sie beschwerten sich auch bei »Falter« über mich. Einmal hatte ich angeblich ihren Schlüssel verschlampt, ein anderes Mal war ihnen das Büro nicht sauber genug, und ein weiteres Mal störte ich sie am Abend während ihrer wichtigen Tätigkeit, was auch immer das sein sollte. Das, was ich jahrelang als unschätzbaren Vorteil empfunden hatte, kehrte sich gerade ins genaue Gegenteil um: Es wurde plötzlich unangenehm, am eigenen Arbeitsplatz zu wohnen. Ich schlief schlecht und wurde immer dünnhäutiger. Daher fasste ich einen Entschluss: Bernie und ich mussten schleunigst hier raus!

Die Mieten in Gelsenkirchen hielten sich im Vergleich zu anderen Großstädten im Rahmen. Trotzdem war uns klar, dass wir uns künftig finanziell ganz schön

---

[6] Mittelschwer beleidigende Bezeichnung von Personen

121

strecken mussten: Ein Großteil von Bernds Gehalt ging noch etliche Jahre für die fälligen Unterhaltszahlungen drauf. Und mein Einkommen war sowieso erheblich geschrumpft: Als Konstante blieb im Grunde nur das Geld, das ich vom DBG für meine Hausmeistertätigkeit bekam. Vom Putzen blieb derweil ohnehin nicht viel über, und meine kurzzeitige Beschäftigung in der Trinkhalle gab ich schon deshalb wieder auf, weil ich meinen Lebensgefährten ansonsten gar nicht mehr zu Gesicht bekommen hätte. Schließlich marschierte ich immer genau dann zum Büdchen, wenn er gerade von der Arbeit nach Hause kam. Und das konnte es ja auch nicht sein!

Trotz der verhältnismäßig günstigen Marktlage stellten wir fest, dass wir woanders nicht ansatzweise so preiswert wohnen konnten wie bisher. Klar, wir waren durch die günstigen Konditionen der Hausmeisterwohnung, die mir der nette Herr Bornemann einst verschafft hatte, äußerst verwöhnt. Eine räumliche Veränderung musste trotzdem her, sonst wäre ich langsam, aber sicher vor die Hunde gegangen – und unsere Beziehung gleich mit. Allerdings kostete alles, was halbwegs so groß und komfortabel war wie unsere gegenwärtigen vier Wände, rund 1000 Mark Miete, teilweise sogar mehr. Solche Beträge wären für mich alleine völlige Utopie gewesen, weil meine persönliche Kalkulation vorwiegend auf jenen 630 Mark beruhte, mit denen ich tatsächlich jeden Monat fix rechnen konnte. Dass das nicht aufging, dazu musste man kein Rechengenie sein. Aber auch wenn wir unsere Budgets zusammenwarfen, wurde es eng. Noch dazu würde unser Zaster vermutlich bis zu unserem Lebensende in den Taschen eines anderen landen.

»Also weißte«, sagte Bernie nach einigen Wochen erfolgloser Suche. »Dat hat so alles keinen Zweck. Für dat viele Geld können wir uns auch ein kleines Häusken kaufen.«

Ich hielt seine Idee zuerst für einen Scherz. Menschen wie ich bekamen meiner festen Überzeugung nach nun mal nicht die Chance, sich jemals Wohneigentum zuzulegen. Für mich war das jenen Glückspilzen vorbehalten, die studiert oder geerbt hatten. Oder Leuten, die beispielsweise einen Beamtenstatus besaßen wie mein Vater, der aber trotz seines krisensicheren Einkommens nie die Traute hatte, diesen Sprung ins kalte Wasser zu wagen, und zeit seines Lebens dann doch lieber monatlich Miete abdrückte. Bernd aber verbiss sich in den Gedanken. Er tingelte von Bank zu Bank, legte vor zahlreichen Sachbearbeitern immer wieder unsere Finanzen und andere persönliche Daten offen und versuchte, ein Institut zu finden, das uns einen entsprechenden Kredit bewilligen würde.

Dabei stellten wir fest, dass ich mit meiner grundsätzlichen Annahme gar nicht so falschlag: Auch bei der Kreditvergabe für Wohneigentum geht es nämlich äußerst ungerecht zu, und zwar nicht nur in diesem Land!

Unsere Banken müssen sich bei der Kreditvergabe an bestimmte, aus Brüssel vorgegebene Richtlinien halten – die neueste Schikane der feinen Damen und Herren Kommissare nennt sich »EU-Wohnimmobilienkreditrichtlinie«, die unsere Regierung nicht nur wie gefordert eins zu eins umgesetzt, sondern netterweise auch noch zu Lasten von Durchschnittsverdienern, Familien und Rentnern verschärft hat! Konnten sich früher noch Menschen mit verhältnismäßig kleinem Einkommen ein zumindest bescheidenes Eigenheim finanzieren lassen, wenn sie nur eisernen Sparwillen besaßen und der Schalterbeamte diesen Leuten und ihrer Lebenssituation schlichtweg vertraute, geht das heute schon rein gesetzlich nicht mehr. Aber Hauptsache, man kann mit dem Segen unserer Politiker den Vorständen weiterhin satte Boni in zweistelliger Millionenhöhe bezahlen oder Milliarden Euro in dubiose Investmentfonds stecken und anschließend versenken.

Ganz genau verstand ich nie, was uns die Herrschaften von den verschiedenen Kreditinstituten während dieser Zeit alles erzählten. Was ich aber nur zu gut kapierte, war, dass den sogenannten Basel-Bestimmungen zufolge vor allem diejenigen problemlos an neues Kapital kamen, die bereits über ausreichend Vermögen verfügten. Damit aber biss sich der Hund in den Schwanz. Denn wer – wie wir – allenfalls ein paar bescheidene Ersparnisse auf der hohen Kante hatte, dem konnten die

Banken schon damals kaum ein Darlehen bewilligen, das irgendwann einmal Wohneigentum ermöglichte. Wir schafften es gerade so, aber nach den jetzigen Vorgaben würde das auch nicht mehr funktionieren. Doch auch unsere Planung war voll auf Kante genäht.

Mit der Kreditzusage in der Tasche machten wir uns auf die Suche nach einem Häuschen. Da der Mietvertrag meiner Dienstwohnung ein ganzes Jahr Kündigungsfrist vorsah, hatte ich die Hausverwaltung umgehend darüber informiert, dass wir in zwölf Monaten definitiv ausziehen würden. Doch das Jahr verstrich, ohne dass wir ein geeignetes Objekt fanden, das bezahlbar war und uns hundertprozentig gefiel. Dabei wollten wir doch nur ein klitzekleines Zechenhaus, wie es sie in dieser Stadt eigentlich zu Tausenden gab. Nur für uns war anscheinend keines übrig. Kurz vor dem Fristablauf, zu dem wir die Bude im Gewerkschaftshaus räumen mussten, las ich in der Lokalzeitung ein Inserat: »Zweistöckiges Reihenhaus in GE-Horst mit großem Garten in gutem Zustand zu verkaufen.«

Das Haus besaß ungefähr dieselbe Wohnfläche, wie wir sie bisher auch im fünften Stock des guten, alten DGB-Blocks hatten. Das war zwar deutlich größer als ursprünglich geplant, denn wir waren ja längst nur noch zu zweit. Aber alles in allem klang das Angebot sehr gut – fast zu gut, dachte ich mir. Vor allem die Lage war für Gelsenkirchener Verhältnisse geradezu idyl-

lisch: Das Häuschen befand sich in der Nähe des Nord-
sternparks, wo früher einmal, vor über 130 Jahren, eine
der ersten Zechen des ganzen Ruhrgebiets angelegt
wurde. Mit der war es seit den Sechzigern und Sieb-
zigern ebenso bergab gegangen wie mit den anderen
Kohlegruben. Doch nach der Stilllegung wurde auf dem
ehemaligen Zechengelände eine Bundesgartenschau
durchgeführt. Und seitdem galt der Nordsternpark als
eine Art Naherholungsgebiet. Dadurch wurde dieses
Viertel noch lange nicht zu Köln-Hahnwald oder Düs-
seldorf-Oberkassel. Aber man konnte deutlich schlechter wohnen als in dieser Ecke.

Wir vereinbarten schnell einen Besichtigungstermin,
bei dem nicht nur die bisherigen Eigentümer, das Ehepaar Jablonski, sondern auch der von ihnen beauftragte
Makler anwesend waren. Dabei aber verhielten wir
uns dummerweise so ungeschickt, wie sich nur Menschen verhalten konnten, die über keinerlei Erfahrung
mit derlei Geschäften verfügten: Wir ließen den Makler
spüren, dass wir ab dem Durchschreiten der Eingangstür
Feuer und Flamme für diese Immobilie waren. Pokern
half nun nix: Wir waren uns leider wirklich sehr sicher,
dass wir soeben unsere ganz persönliche Villa Kunter-
bunt gefunden hatten! Nachdem wir uns über den Preis
und auch den konkreten Einzugstermin einig geworden
waren, uns voneinander verabschiedet und in Gedanken
bereits mit den Renovierungsarbeiten begonnen hatten,

hörten wir jedoch nichts mehr – weder von Herrn und Frau Jablonski noch von ihrem Agenten.

Einige Wochen später wusste ich auch, warum: Nachdem der saubere Herr Makler mitbekam, wie spitz wir auf unser vermeintliches Traumhaus waren, hatte er den arglosen Jablonskis kurzerhand selbst ein Kaufangebot gemacht. Natürlich nicht, weil dieser Schubiak[7] nun seinerseits gedachte, in dem Haus zu wohnen. Sondern deshalb, um von uns Idioten satte 20 000 Mark mehr herauszuschlagen, als wir eigentlich ausgemacht hatten. Doch erstens mussten wir schleunigst aus der alten Wohnung raus. Und zweitens wollte ich dieses Haus unbedingt haben. Wir setzten uns mit der Familie Jablonski zusammen, nahmen einen Anwalt zu Hilfe – und stritten schließlich ein paar Wochen mit dem windigen Immobilienhai herum. Am Ende bekamen wir das Haus – und der Makler nicht einmal seine Provision. Und ich erhielt obendrauf einmal mehr die Erkenntnis, dass nix in meinem Leben ohne Komplikationen zu funktionieren schien.

In den folgenden Monaten improvisierten Bernd und ich an allen Ecken und Enden. Die Werktage verbrachte ich wie gewohnt an meiner alten Wirkungsstätte, nur dass ich dafür jetzt ein paar Kilometer Anfahrt in Kauf nehmen musste. Und nach Feierabend, also

---

[7] Gauner

nach den üblichen Hausmeistertätigkeiten sowie meiner abschließenden Putzrunde, nahmen wir ebenso wie an sämtlichen Wochenenden die erforderlichen Ausbesserungen in Angriff. Dazu zogen wir uns notgedrungen auf zwei Kabüffken im Dachgeschoss zurück, weil alle anderen Räume erstmal nach und nach umgestaltet werden mussten. Wir nahmen regelmäßig gemeinsam Urlaub, verzichteten aber auf irgendeine Reise, sondern kümmerten uns stattdessen um das jeweils nächste Projekt daheim, vom Austausch der Abwasserrohre über das Pflastern der Einfahrt bis hin zur Neugestaltung des Gartens, was angesichts der vorhandenen Bäume geradezu in schwere Forstarbeiten ausartete.

Dass wir insgesamt elf lange Jahre nicht einen einzigen Tag in die Ferien würden fahren können, ließ sich zu diesem Zeitpunkt noch nicht absehen. Aber der Hauskauf machte uns schon nach kurzer Zeit überdeutlich, dass ein solches Unterfangen für zwei kleine Lichter wie uns, die wir zusammen über vier Kinder und ein nicht gerade üppiges Einkommen verfügten, eigentlich eine Nummer zu groß war. Die Bank hatte zwar alles insoweit durchgerechnet, dass wir mit den monatlichen Raten einigermaßen hinkommen und eines fernen Tages dieses Haus auch unser Eigentum nennen konnten. Aber es durfte bei Gott nix dazwischenkommen – und genau davor hatte ich tierisch Schiss!

Trotz aller Belastungen brachte der Kaufvertrag eine

einschneidende Veränderung mit sich, die ich nicht unbedingt anstrebte, die mich aber dennoch sehr glücklich machte: Bernie und ich beschlossen zu heiraten! Ich muss zugeben, dass unsere Entscheidung an sich nicht wirklich auf purer Romantik basierte. Aber die dadurch fällige Steuererleichterung machte unterm Strich bei uns beiden zusammen knapp 1000 Mark im Monat aus. Und diese Kohle reichte bereits dafür aus, um zumindest unsere Hypothek abzuzahlen. Dieses Argument war sogar noch stichhaltiger als unsere Liebe.

Allerdings wollten wir den Entschluss nicht an die große Glocke hängen. Im Gegenteil: Wir erzählten nicht mal unseren vier Kindern davon! Nachdem wir an jenem Morgen heimlich, still und leise alle Formalitäten im Gelsenkirchener Standesamt hinter uns gebracht hatten und uns kurz zu Hause frisch machten, bevor wir die Eheringe vom Graveur abholen und danach noch ein Gläschen Sekt im Grünen trinken wollten, ließ ich unsere Heiratsurkunde auf dem Küchentisch liegen. Nadine guckte an dem Tag zufällig bei uns vorbei und sah das Teil natürlich sofort dort liegen. Sie alarmierte ihre jüngere Schwester, und gemeinsam machten sich meine Mädels dann auf die Suche. Nachdem sie uns im nahegelegenen Park gefunden hatten, machten sie mir kurz ein paar Vorhaltungen, warum ich sie nicht ins Vertrauen gezogen hatte. Dann aber freuten sie sich mit uns. Wir setzten uns zu viert auf eine Bank und stießen mit einem Gläschen Blubberwasser aus der mitgebrachten Kühltasche an. In diesem Augenblick kam ein Passant vorbei, guckte uns an und schüttelte mit dem Kopf.

»Die Penners von heute sind aber auch vornehm geworden«, brummte er und ging weiter.

Zugegebenermaßen hatten wir uns nicht extra für diesen Anlass schick gemacht, aber dieser Spruch war dann doch eine gehörige Frechheit. Trotzdem lachten wir alle nach einer kurzen Schrecksekunde herzlich darüber. Ansonsten aber bestand kein Grund für eine große Feier. Wir mussten für die Renovierung sowie die monatlichen Kreditraten weiterhin jeden Pfennig zwei Mal umdrehen, um alles einigermaßen gebacken zu kriegen. Eine Party mit hundert oder mehr Gästen hätten wir uns nicht leisten können. Also genossen wir unseren neuen Beziehungsstatus im Stillen. Es reichte ja auch vollkommen aus, dass es einige Zeit später an einer anderen Stelle in meinem Leben wieder turbulent werden sollte.

Das DBG-Haus bekam nämlich neue Eigentümer: Die Treuhandgesellschaft des Gewerkschaftsbundes verkaufte den ganzen Klotz an zwei Anwälte. Einer davon war Herr Mühlenbrock, ein überaus umgänglicher Mann, der in dem Bau seine expandierende Kanzlei unterbringen wollte, die er gemeinsam mit seinem Kompagnon aufgebaut hatte. Witzigerweise befasste sich Mühlenbrock schwerpunktmäßig mit Arbeitsrecht, was sicherlich auch dazu beitrug, dass von Beginn an ein sehr anständiges Vertrauensverhältnis zwischen uns herrschte. Er stammte selbst aus kleinen Verhältnissen und hatte nicht vergessen, wie er sich einst sein Studium finanziert hatte. Und er kannte aus seiner Berufserfahrung die Sorgen von uns kleinen Arbeitnehmern, die für ihre Rechte allzu oft erbittert kämpfen mussten. Von daher verstand er nur zu gut, was auch mich tagaus, tagein umtrieb. Zudem fragte er mich regelmäßig um Rat, wenn unvorhergesehene Überraschungen am oder im Gebäude auftauchten. Und ich, die dieses Haus so gut kannte wie kein anderer, zeigte ihm alle Schwachstellen und notwendigen Schönheitsreparaturen – vom gelegentlich auftretenden Wasser im Keller bis zu den maroden Leitungen.

Trotzdem wurde mir mein Arbeitsverhältnis als Hausmeisterin zunächst gekündigt. Ich erschrak natürlich tierisch, aber die Kündigung erfolgte anscheinend mehr oder weniger automatisch, weil mein ursprünglicher Vertrag seinerzeit ja mit der Treuhand abgeschlossen worden war. Mangels Nachfolger und weil ich den netten Anwalt nicht im Stich lassen wollte, machte ich meine Arbeit trotzdem kurzerhand weiter. Irgendwann, so dachte ich, würde Herr Mühlenbrock schon auf mich zukommen. Doch Pustekuchen: Auch nach ein paar Monaten machte er keinerlei Anstalten, mit mir über einen neuen Kontrakt zu reden. Hatte ich mich doch in ihm getäuscht? Oder hatte er so viel um die Ohren, dass er seine Hausmeisterin einfach vergaß? Kurz vor Weihnachten, mehr als ein halbes Jahr nach dem Eigentümerwechsel, wurde es mir schließlich zu bunt. Nachdem er mir für die Feiertage ein paar zu erledigende Dinge aufgetragen hatte, nahm ich ihn mir zur Brust.

»Meister, Sie verlangen ganz schön viel von mir – dafür, dass Sie mich nicht mehr haben wollen.«

»Also Frau Neumann! Was meinen Sie denn damit, dass ich Sie nicht mehr haben will?«, fragte Mühlenbrock mit großen Augen und wirkte ehrlich überrascht.

»Ich habe noch immer keinen anständigen Arbeitsvertrag. Ich sorge nur für das Nötigste und schreibe meine Stunden auf. Ich bin quasi gesetzlos unterwegs!«

Und was soll ich sagen? Ich hatte mich nicht in diesem Mann getäuscht! Eine halbe Stunde später war ich offiziell als Hausmeisterin bei Herrn Mühlenbrock angestellt. Der Mann sollte mir später noch zu einem guten Freund werden.

Doch mein anderer Arbeitgeber, die Firma »Falter«, war nahezu zeitgleich ebenfalls verschachert worden – ausgerechnet an die »Hechtling«-Gruppe, einen weitaus größeren Dienstleistungskonzern, dessen Strukturen viel undurchsichtiger waren als bei dem Familienunternehmen, bei dem ich bisher zum Putzen angestellt war. Der Grund für den Verkauf war eine Änderung am 630-Mark-Gesetz, das es mir und Millionen anderen geringfügig Beschäftigten bis dahin ermöglichte, den gesamten kleinen Lohn steuerfrei zu behalten. Nun musste nach dem Willen der rot-grünen Bundesregierung auch dieses Einkommen versteuert werden, wenn man noch einen Hauptberuf ausübte. Die Gebrüder Falter befürchteten eine Bürokratie-Lawine und hatten offenbar Angst, nicht mehr ausreichend Arbeitskräfte für ihre Putz-Klitsche zu bekommen. Und Leute wie ich hatten mal wieder die Arschkarte gezogen.

Unsere werten Politiker schienen nicht zu begreifen, dass niemand freiwillig und zu seinem reinen Vergnügen zusätzlich zu seiner eigenen Tätigkeit noch einem weiteren Broterwerb nachgeht. Sondern dass das in aller Regel Menschen machten, die trotz einer Festanstellung so wenig Schotter verdienten, dass sie ihr Gehalt eben anderweitig aufbessern mussten. Das betraf nicht nur uns Putzfrauen. Fast zwei Millionen Leute – nebenbei Kellner, Aushilfen in Supermärkten oder Kassierer bei Karstadt & Co. – saßen nach Herrn Riesters tollen Ideen auf diese Weise in der Tinte und mussten, wenn sie sich wie ich in Steuerklasse V befanden, von den 630 Mark fast 150 allein an Lohnsteuer gleich wieder an Papa Staat abdrücken. Minus Renten-, Kranken- und Pflegeversicherung blieben dann am Ende noch gut 370 Mark übrig. Doch wer rund 13 000 D-Mark als Diäten und weitere 6500 D-Mark als Kostenpauschale kassierte wie jene Abgeordneten, die diese Gesetzesänderung seinerzeit beschlossen, der hatte vermutlich von solchen Schwierigkeiten keine Ahnung – selbst wenn er ebenfalls einen oder gar mehrere Nebenjobs besaß, nur dass die eher aus lukrativen Aufsichtsratsposten bestanden.

Ich war aber auch aufgrund der Tatsache entsetzt, wer da meinen alten Arbeitgeber übernommen hatte: »Hechtling« war vor Ort nicht nur der jahrelange Hauptkonkurrent von »Falter« gewesen. Es war auch weithin bekannt, dass man dort bestenfalls als Nummer geführt wurde, während ich mich bei »Falter« – trotz aller Problemchen – immer als Individuum gesehen habe und auch meistens so behandelt worden bin. Ich spürte, dass die Zeiten nun deutlich rauer werden würden. Trotzdem oder vielleicht auch gerade deshalb ließ ich mich für die anstehenden Betriebsratswahlen einspannen. Die bisherige Vorsitzende hatte unmittelbar nach dem Verkauf eine Stelle bei der IG Bau angetreten. Und ich sollte als Wahlhelferin gewährleisten, dass die Kür der Nachfolgerin im neuen Unternehmen ordnungsgemäß vonstatten ging. Ich hielt dies auch für zwingend notwendig und sagte zu. Im Quaschen war ich ja schon immer gut. Und außerdem besaß ich im Gegensatz zu vielen anderen hier ein Auto.

Während ich also von Objekt zu Objekt fuhr, den vielen Beschäftigten die Vorgehensweise erklärte und die Stimmen der Kolleginnen einsammelte, bekam ich mit, woher der Wind bei »Hechtling« tatsächlich wehte. Eine vollkommen entnervte und in Tränen aufgelöste, ältere Mitarbeiterin erzählte mir, wie sie so lange von ihrer Chefin gegängelt, unter Druck gesetzt und sogar beschimpft worden war, bis sie kurz vor meinem Eintreffen einen Auflösungsvertrag unterschrieben hatte. Ihr war weder klar, dass sie dadurch sämtliche Ansprüche gegen ihren Arbeitgeber beerdigt hatte, noch, dass sie nun erstmal eine dreimonatige Sperre beim Arbeitsamt abwarten musste. Schnell erfuhr ich, dass das beileibe keinen Einzelfall darstellte.

Das Prozedere war immer dasselbe: Wenn »Hechtling« den Auftrag für ein Objekt verlor, dann behielten die Verantwortlichen das erstmal für sich. Erst unmittelbar, bevor die alte Truppe das Feld der Konkurrenz überlassen musste, wurden die Frauen informiert. Und dann spielten die Vorgesetzten mit deren Angst. Das musste nicht immer so extrem ablaufen wie in dem Beispiel eben und in persönliche Beleidigungen ausarten. Es kam eben immer auf die Beeinflussbarkeit der Betroffenen an. Manchmal, wenn die Mädels einen robusteren Eindruck machten, lief die Nummer viel raffinierter ab.

Statt der bisherigen, sagen wir mal, vier Stunden Dienstzeit am Stück in einem einzigen Gebäude sollte beispielsweise die Arbeitszeit fortan aufgeteilt werden: ein Stündchen am Morgen hier, zwei über Mittag dort und nochmal eine Stunde am Abend ganz woanders. In letzter Konsequenz bedeutete das für die Mitarbeiterinnen, dass sie von früh bis spät im Einsatz waren, aber dasselbe Geld wie zuvor bekamen und die Fahrtstrecke auch noch selbst bezahlen mussten. Mit einem Auflösungsvertrag, so das perfide Argument, könne man sich aber gleich bei einem anderen Arbeitgeber bewerben – im Idealfall bei dem, der das Objekt von »Hechtling« übernehmen würde. Dass der neue Putzdienst meistens gar keine Leute suchte, verschwiegen die Vorarbeiterinnen natürlich. So etwas gab's bei »Falter« nicht. Egal, ob ich bei »Sinn« putzte, in der Metallfabrik oder im DGB-Haus – die spielten dort wenigstens mit offenen Karten. Hier aber wurde nicht nur gezinkt. Es wurde nach Strich und Faden beschissen!

Als ich die ganze Sauerei mitbekam, die offenbar alleine in den letzten Wochen unfassbare 18 Mal über die Bühne ging und ein gut erprobtes System zu haben schien, erwachte endgültig mein Gerechtigkeitssinn. Ich war schockiert über diese unseriöse Praxis, langjährige Mitarbeiterinnen aus dem Unternehmen zu kegeln. Und ehrlich gesagt auch darüber, wie eigentlich aufgeweckte Mädels auf derart durchsichtige Methoden hereinfielen. Aber die Verantwortlichen bei »Hechtling« wussten nur zu gut, dass mit dem Überstreifen des Arbeitskittels bei vielen von uns Putzfrauen das Selbstbewusstsein und leider manchmal auch der Verstand mit im Spind blieben.

»Frau Polanski, Sie sind jetzt 16 Jahre bei uns, Sie wissen ja gar nicht, wie schwer es uns fällt, Sie zur Konkurrenz gehen zu lassen«, säuselten die geschulten Objektleiterinnen.

»Liebe Frau Giesberg, es bricht uns das Herz, Ihnen kein anderes Angebot machen zu können. Aber Sie wissen ja, wie schwierig die Lage gerade für uns alle ist. Wir müssen auch nehmen, was wir kriegen können, um die Arbeitsplätze wenigstens von ein paar Ihrer Kolleginnen zu sichern.«

»Für uns ist der Wegfall dieses Gebäudes ein herber Verlust. Wir wissen gar nicht, wie wir das jemals auffangen sollen. Wir sitzen doch im selben Boot, Frau Janowski.«

Die Heuchelei kannte keine Grenzen. Am Ende hatten manche meiner Kolleginnen, die auf diese Weise bis zu drei Jahrzehnte Betriebszugehörigkeit in die Tonne geschmissen hatten, sogar noch Mitleid mit der armen Geschäftsführung. Diese Taktik konnte ich meinem neuen Arbeitgeber nicht durchgehen lassen! Ich beschloss, mich endgültig aktiv in die Betriebsratsarbeit einzubringen.

Natürlich war »Hechtling« nicht das einzige schwarze Schaf der Branche. Schuld an derartigen Drückermethoden waren auch die Auftraggeber, die jeden Dienstleistungsvertrag alle zwei, drei oder vier Jahre neu ausschrieben, um die Kosten immer weiter senken zu können. Besonders schlimm verhielten sich dabei die Kommunen, die – ganz unabhängig vom Parteibuch derer, die sie als Bürgermeister, Ratsherren oder Verwaltungschefs führten – grundsätzlich den günstigsten Anbieter zur Reinigung ihrer öffentlichen Gebäude aussuchten. Und das in dem Wissen, dass in einer Stunde 500 Quadratmeter Bürofläche im Finanzamt ebenso wenig von einer einzigen Arbeitskraft geputzt werden konnten wie ein Krankenhauszimmer in dreieinhalb Minuten – auch wenn der entsprechende Billiganbieter das in seinem Angebot zugesichert hat. Doch am Ende zählte eben nur der Preis und nicht die Praxis. Und schon gar nicht die Menschlichkeit.

Durch den Wechsel meines Dienstherrn in Sachen Raumpflege befasste ich mich erst richtig intensiv mit der Materie. Gemeinsam mit meinen Betriebsratskollegen musste ich bei »Hechtling« zu meinem Leidwesen von ganz vorne anfangen. Alles, was wir bei »Falter« nach mühsamen Grabenkriegen einigermaßen einvernehmlich erreicht hatten, war hier hinfällig. Wir mussten sogar für die Einhaltung des vereinbarten Tariflohnes kämpfen, der schlicht deshalb unterlaufen wurde, weil die vorgesehene Arbeitszeit für das Objekt hinten und vorne nicht mehr ausreichte – weil wir Frauen lediglich pro Objekt und nicht nach Stunden bezahlt wurden. Je mehr Einblicke ich bekam, desto dicker wurde mein Hals. Und desto größer mein Engagement.

Erschwerend hinzu kam eine politische Entscheidung, die mir bis heute die Zornesröte ins Gesicht treibt: das »Arbeitnehmerüberlassungsgesetz« aus dem Jahr 2004. Dabei war Leiharbeit in Deutschland bis Anfang der siebziger Jahre verboten gewesen, weil die zumeist amerikanischen Anbieter – oft zu Recht – als Seelenverkäufer verschrien waren, die die berufliche Notlage vieler Menschen schamlos ausnutzten. Doch erstaunlicherweise waren es zwei SPD-Kanzler, die diese Regelungen lockerten. Erst erlaubte Willy Brandt grundsätzlich die Leiharbeit, die danach drei Jahrzehnte lang wenigstens zeitlich auf erst drei, später auf sechs und neun und schließlich auf zwölf Monate befristet gewesen war. Dann aber bildete sich Gerhard Schröder schließlich ein, durch die völlige Flexibilisierung des Arbeitsmarktes die Konjunktur beleben zu können. Fortan fiel die zeitliche Beschränkung weg, das Wiedereinstellungsverbot wurde gekappt und Tarifverträge wurden erlaubt, die eine Öffnungsklausel zuungunsten von Arbeitnehmern enthielten. Was Schröder damit tatsächlich belebte, war allerdings vor allem ein Markt der Scharlatane und Sklaventreiber, die sich ab diesem Moment auf dem Rücken ihrer Mitarbeiter eine goldene Nase verdienen konnten.

Auch ich hatte bis 2004 keinerlei Berührungspunkte mit diesem Kokolores. Bei der Firma, für die ich arbeitete, war ich auch angestellt. Ich erhielt meinen Lohn von »Falter« oder von »Hechtling« und keiner seltsamen Personalleasing Dingsbums GmbH. Danach aber spürte ich am eigenen Leib – beziehungsweise im eigenen Betrieb –, was unsere Bundesregierung da angerichtet hatte: Es war der erste Tag nach meinem Urlaub, als auf einmal ein neues Firmenschild an unserem Verwaltungsgebäude hing. Das unscheinbare Ding war mir beim Betreten ursprünglich gar nicht weiter aufgefallen. Innen aber wurde ich von unserer Vorgesetzten mit einem bitteren Lächeln begrüßt, das nix Gutes verhieß.

»Na sieh an – unsere Frau Neumann«, sagte Frau Gemein, wie wir die Dame aufgrund ihrer prägnantesten Charaktereigenschaft zu nennen pflegten. »Sie haben ja noch gar nicht mitbekommen, was sich bei uns in der Zwischenzeit getan hat.«

Das hatte ich in der Tat nicht, aber die Grundstimmung im Betrieb kam mir seltsam vor. Frau Gemein ging wieder, und ich unterhielt mich mit ein paar Kolleginnen, was bei »Hechtling« in den letzten 14 Tagen vor sich gegangen war.

»Och, nix Besonderes, Susi«, sagte eine. »Wir haben nur andere Arbeitsverträge bekommen, wegen dem neuen Gesetz aus Berlin.«

»Wie gez – neue Verträge?«, rief ich erstaunt und konnte kaum glauben, was ich da hörte. Die »Hechtling«-Bosse hatten eine eigene Leiharbeitsfirma gegründet und zahlreiche Beschäftigte mit neuen Papieren ausgestattet, die unauffällig wirkten, am Ende aber einen kleinen Satz enthielten, der ein echter Oberhammer war. »Hinweis: Wird dieses Formular nicht unterschrieben zurückgeschickt, kann die Lohnabrechnung nicht erfolgen.«

Natürlich unterschrieben meine Mädels fleißig diese Verträge, weil sie Angst hatten, am Monatsende kein Geld zu bekommen. Dass sie von jetzt auf gleich in der Leiharbeit gelandet waren, mit 2 Euro weniger Stundenlohn und sechs Tagen weniger Urlaubsanspruch, bemerkten sie gar nicht.

Der Betriebsrat klagte gegen dieses Vorgehen, wir gewannen das Verfahren auch – und insgesamt 424 einzelne Arbeitsverträge mussten wieder zurückgeändert werden. Aber das Vorgehen von »Hechtling« zeigte, wie die Uhren jetzt tickten. Waren die Rahmenbedingungen zu Beginn meiner Putzfrauenkarriere nur ärgerliche Begleiterscheinungen eines nicht besonders angesehenen Berufes, wurden sie nun in höchstem Maße unfair. Das konnte und wollte ich nicht einfach so hinnehmen. Immerhin verfügte ich wenigstens über eine große Klappe, mit der ich mich zur Wehr setzen konnte. Die meisten anderen in meinem Umfeld jedoch hatten einfach nur Schiss – vor den Erpressungsmethoden der Vorgesetzten, vor der nächsten Zahnarztrechnung oder davor, im nächsten Monat ihre Miete nicht mehr bezahlen zu können. Also kandidierte ich zu dieser Zeit für jedes Amt, das ich kriegen konnte. Ob Ortsfachwart, Fachgruppe oder Bezirksvorstand – ich ließ mich überall aufstellen, wo ehrenamtliche Mitstreiter gesucht wurden. Und ich wurde auch gewählt, meistens als einzige Frau unter lauter Kerlen. Ich dachte, dass ich nur so etwas für meine Mädels erreichen könne.

Andernorts funktionierte das leider nicht so einfach: Die Zahl der Leiharbeitsverträge verdoppelte sich allein zwischen 2004 und 2006; heute gibt es fast eine Million solcher Arbeitsverhältnisse. Und längst dient Leiharbeit nicht mehr dem Ausgleich von Auftragsspitzen, wie es sich Obergenosse Schröder und sein Handlanger Peter Hartz damals ausgedacht hatten. Sie dient stattdessen hauptsächlich den Unternehmen zur Absenkung der Löhne. Hunderte Betriebe trennten sich plötzlich von ihren Stammkräften und besetzten die freien Stellen mit Leihbeschäftigten. Und besonders listige Dienstleister gründeten kurzerhand ihre eigenen Leihfirmen und liehen sich aus diesen selbst Mitarbeiter aus, die viel weniger verdienten als die Festangestellten, die sie zuvor waren. Und die Chance auf eine dauerhafte Anstellung nach einer bestimmten Zeit bei ein und demselben Arbeitgeber, die gab's jetzt für die vielen armen Teufel, die in dieser Mühle steckten, auch nicht mehr.

Im DGB-Haus, das nach dem Eigentümerwechsel jedoch nicht mehr so hieß, sondern mittlerweile das Kürzel der Rechtsanwaltskanzlei von Herrn Mühlenbrock und seinem Partner trug, bewahrheitete sich in der Zwischenzeit einer meiner liebsten Wahlsprüche: Man sieht sich immer zweimal im Leben! Meine beiden Lieblinge aus der dubiosen Versicherungsagentur im Erdgeschoss hatten monatelang keine Miete bezahlt. Sie lebten auf großem Fuß, fuhren dicke Autos und traten auf wie die leibhaftigen Grafen Koks in ihren maßgeschneiderten Anzügen und den dicken Uhren am Handgelenk. Unterm Strich aber waren ihre sicherlich weitgehend illegalen Geschäftsmethoden offensichtlich nicht lukrativ genug. Die Hausbesitzer sahen sich das Elend eine Zeitlang mit an, zogen dann aber die Notbremse und kündigten sie fristlos. Im Zuge dessen kam auch heraus, dass die Burschen den Schlüssel, den ich angeblich verschlampt haben sollte, selbst verschwinden ließen, um mir eins reinzudrücken und mich finanziell zu schädigen. Auch aus diesem Grund gönnte mir Mühlenbrock netterweise das Vergnügen und ließ mich die amtliche Räumungsklage persönlich an die Kameraden aushändi-

gen. Rache gehörte eigentlich nicht zu meinen Wesens-
zügen. Das aber war ein Moment, den ich wirklich genossen habe.

Aber wie das eben so ist – alles hat seine Zeit. Unweiger-
lich kam der Tag, an dem ich erkennen musste, dass ich
der Doppelbelastung aus Hausmeister- und Putztätig-
keit nicht mehr gewachsen war. Nachdem Bernie und ich
längst in unserem Reihenhäuschen heimisch geworden
waren – auch wenn das noch immer einer einzigen Dau-
erbaustelle glich –, beschloss ich, mich nur noch auf das
Saubermachen zu konzentrieren.

Ich staunte über mich selbst, wie leicht mir die Entscheidung fiel. Aber ich war wirklich gerne Putzfrau!
Immerhin hatte mir dieser Beruf eine Menge Glück gebracht: Ich hatte durch ihn viele Freundschaften gefunden und ein Betätigungsfeld für mich entdeckt, auf dem
ich mich für andere einsetzen konnte. Und schlussendlich hatte ich ja auch meinen Bernie hauptsächlich deswegen kennen gelernt, weil ich spätabends noch sein
Büro saubergemacht hatte.

Ich lernte meine Nachfolgerin an – und übergab nach
fast drei Jahrzehnten »mein« Haus, in dem ich jede einzelne Fliese, jede Fuge und jede Steckdose blind gefunden hätte, an jemand anderen. Jetzt war ich endgültig
nur noch 'ne Putze. Aber zumindest eine, die denen da
oben ordentlich Dampf machte: Bei »Hechtling« war ich

inzwischen Betriebsrätin – und Staatsfeind Nummer 1 für die Führungsebene! Die Geschäftsleitung setzte alles daran, auch nur den geringsten Funken Mitbestimmung zu verhindern und mir Knüppel zwischen die Beine zu werfen. Jede Kleinigkeit mussten wir mühsam erstreiten. Und es gab regelmäßig Stunk: Das Betriebsratsbüro zum Beispiel, das uns die Firma schließlich einzurichten hatte, bestand aus zwei klapprigen Stellwänden inmitten einer ungeheizten Lagerhalle. Wir bekamen bestimmungsgemäß auch ein Telefon zur Verfügung gestellt, mit dem wir aber nur innerhalb der Gelsenkirchener Ortsvorwahl 0209 telefonieren konnten. Laut eines weiteren Urteils, dem eine vierstündige Sitzung am Arbeitsgericht vorausging, standen uns Büromaterialien und eine Lichtquelle zu. Am nächsten Tag erhielten wir dann vom Vorstand eine einzelne Kerze. Und regelmäßig parkte der dicke BMW des Geschäftsführers rein zufällig so ungünstig vor der Halle, dass sich die Tür nicht mehr öffnen ließ. Es herrschte zwischen beiden Seiten ein zermürbender Kleinkrieg.

Und »Hechtling« kämpfte wirklich mit allen Methoden – auch dank Schröders toller Idee mit dem Arbeitnehmerüberlassungsgesetz! Der Konzern, dessen Zentrale sich durch die Lage genau zwischen der Stadtmitte und dem Schalker Stadion gewissermaßen im Bauch Gelsenkirchens befand, gründete kurzerhand eine eigenständige GmbH in Düsseldorf. Dorthin wurden ich und ein paar Dutzend andere Mitarbeiter dann verkauft. Bis zu diesem Zeitpunkt hätte ich solch ein Vorgehen für einen Scherz in einer Satiresendung gehalten. Aber so etwas war nun rechtlich gesehen tatsächlich möglich. Waren wir ursprünglich in Gelsenkirchen rund 500 Leute, arbeiteten nun 80 davon für die neue Düsseldorfer Gesellschaft – in der logischerweise zwar auch ein Betriebsrat gewählt werden musste, von dem aber kein Mitglied mehr freigestellt zu werden brauchte. Das nämlich war und ist laut Betriebsverfassungsgesetz erst ab 200 Beschäftigten erforderlich. Wir putzten also weiter in Gelsenkirchen, wurden aber aus der Landeshauptstadt geleitet. Das musste man nicht verstehen, aber die Maßnahme sollte uns ja ohnehin nur mürbe machen und mir die Lust am Streiten verderben.

Doch die Bosse hatten die Rechnung ohne Susi Neumann gemacht. Auch wenn sich meine über die normale Arbeit hinausgehenden, organisatorischen Aktivitäten nun deutlich verkomplizierten und ich mich oftmals bis spät in die Nacht, nach den üblichen acht Stunden Putzerei, um den ganzen Betriebsratskram kümmern musste, sorgte ich weiterhin mit Leidenschaft dafür, dass wir nicht nach Strich und Faden verarscht wurden. Zu meinem Glück stellten sich die Initiatoren dieser dämlichen Düsseldorf-Ausgliederung die Handhabung einfacher vor, als sie in Wirklichkeit war. Und nach rund zwei Jahren war der Eiertanz selbst den »Hechtling«-Verant-

wortlichen zu viel, und wir wurden wieder »zurückge-
kauft«.

Dafür wurden neue Mitarbeiter plötzlich mit Arbeitsverträgen ausgestattet, die nur noch auf ein halbes
Jahr befristet waren. Zuvor war es gängige Praxis, von
Anfang an einen unbefristeten Kontrakt mit sechs Monaten Probezeit zu bekommen. Wer die überstand, war
fortan eben normaler Beschäftigter der Firma »Hechtling«. Nun aber drohte eine ungeheure Fluktuation einerseits – und eine schlimme Unsicherheit bei den Mädels andererseits. Auch dieses arbeitnehmerfeindliche
Instrument verdankten wir der Agenda 2010, deren Ge-
setzesänderungen den Arbeitgebern jetzt eine sachgrundlose Befristung bei Neueinstellungen erlaubten.
Vorher ging eine zeitliche Begrenzung nur bei hieb- und
stichfesten Argumenten – zum Beispiel zur Vertretung
während des Mutterschutzes. Ich las mir die neuen Regelungen ein ums andere Mal durch und sah eine düs-
tere Zukunft auf uns zukommen: Eine der Konsequenzen daraus war, dass wir als Betriebsrat nicht mehr
angehört werden mussten, wenn unser Unternehmen
unliebsame Angestellte loswerden wollte. Denn anstatt
die Leute wie bisher ordentlich kündigen zu müssen,
würde die Personalabteilung die Verträge einfach aus-
laufen lassen.

Selbstredend wurden von Firmenseite alle Schlupflöcher des neuen Teilzeit- und Befristungsgesetzes ausge-

reizt. Da der diesbezügliche Paragraph 14 eine Beschäftigungsdauer von insgesamt zwei Jahren in demselben Unternehmen erlaubte, gab sich »Hechtling« genau drei Mal großzügig und verlängerte den Arbeitsvertrag stets um weitere sechs Monate. Nur der vierte Vertrag konnte den Frauen demnach leider nicht zugebilligt werden, weil man ihnen ja ansonsten eine Festanstellung hätte anbieten müssen. Aber unsere Personalmanager dachten sich etwas anderes aus, um besonders fleißige Putzfrauen ans Haus zu binden: Sie beschäftigten sie danach eben in einer anderen Gesellschaft weiter, die für ein anderes Objekt zuständig und eigens dafür gegründet worden war – so ähnlich wie jene gescheiterte Düsseldorfer GmbH. Auf diese Weise konnten die nächsten auf vier Mal sechs Monate gestückelten zwei Jahre überbrückt werden. Und das geschah auch noch halbwegs legal, denn streng genommen erlaubte das Gesetz diesen Kniff nicht. Aber weil es – wie die meisten anderen Gesetze auch – von den Politikern sehr schwammig formuliert worden war, gab es keine Definition, was »derselbe Arbeitgeber« genau sein sollte. Zu allem Übel wurde im nächsten Absatz bei der Neugründung von Unternehmen sogar eine sachgrundlose Befristung von insgesamt bis zu vier Jahren Dauer zugelassen. Das war für »Hechtling« der Freibrief für derlei Machenschaften.

Verlängert wurde darüber hinaus natürlich nur, wenn sich die entsprechende Arbeitskraft nicht als allzu aufsässig entpuppte: Schrieb dagegen eines meiner Mädels wenigstens ein paar ihrer zahllosen Überstunden auf, um diese am Monatsende abzurechnen, oder wagte es gar, den ihr zustehenden Urlaub konsequent einzufordern, dann gab's eben nach Vertragsende den stillen Abschied durch die Hintertür. Und das hieß für die betroffene Person im Klartext: Tschüssikowski, Adieu, auf Nimmerwiedersehen – ohne einen einzigen Cent Abfindung und mit der gewünschten Signalwirkung für die anderen, die daraufhin lieber keine Anstalten in diese Richtung machten. Bei uns herrschte bald ein Klima der puren Angst! Außerdem war es praktisch unmöglich geworden, in dieser Konstellation neue Betriebsräte zu finden: Auch die besaßen natürlich mit einem gerade mal auf ein paar Monate angelegten Arbeitsverhältnis keinen besonderen Schutz mehr. Wer würde sich da schon mit den Oberen anlegen?

Dass vermeintliche Experten so etwas beschließen, ohne sich darüber Gedanken zu machen, welche Auswirkungen ihre Verordnungen in der Praxis nach sich ziehen, ließ mich beben vor Wut! Dabei hätten die werten Damen und Herren nur mal eine der vielen Reinigungskräfte fragen müssen, die im Deutschen Bundestag die Gänge schrubbten und die Büros durchwischten. Denen ging es nämlich, das wusste ich von der IG Bau, auch nicht anders als meinen Kolleginnen bei »Hechtling«. Und die Putzbranche war ohnehin nur der Vorreiter für etliche andere Geschäftszweige: Aus meinem Bekanntenkreis und von Gewerkschaftsseite bekam ich schnell mit, dass sich diese Unsitte prompt auch in Krankenhäusern, in bestimmten Bereichen der Fertigung oder im Einzelhandel durchsetzte.

Ich wusste beispielsweise vom Sohn einer guten Freundin, der mit seinen 35 Jahren, von denen er rund 17 durchgehend gearbeitet hatte, noch nie einen anständigen Arbeitsvertrag bekam. Stattdessen wurde er bei seinem Arbeitgeber von Untergesellschaft zu Untergesellschaft weitergereicht oder aus anderen Gründen immer wieder aufs Neue befristet. Wie Hunderttausende andere Betroffene auch ist dieser junge Mann mit ziemlicher Sicherheit eines Tages der Gelackmeierte, der sich noch dazu einen Kredit etwa für ein Reihenhäuschen wie bei Bernie und mir an die Backe schmieren kann: Wer mit einem auf ein halbes Jahr befristeten Vertrag bei der Bank vorspricht, bekommt vom Sachbearbeiter wahrscheinlich noch nicht einmal eine Tasse Kaffee! Wie sollte man bei solchen Aussichten eine eigene Familie gründen? Wer einmal in diesem System drin war, der kam kaum noch heraus.

Dank der fatalen Fehlentscheidung von Schröder, die von Angela Merkel und den von ihr angeführten Regierungen seitdem sogar noch verschlimmert wurde und aus Deutschland im Grunde ein Billiglohnland gemacht hat, wollten sich die meisten Arbeitgeber nun nicht mehr verpflichten. Ganz anders als früher, als man sich sowohl in einer inhabergeführten Firma als auch in Konzernen wie Krupp oder Thyssen noch auf das Wort des Chefs verlassen konnte und meistens sein gesamtes Berufsleben dort verbrachte, wo man einst auch seine Lehre begonnen hatte. Doch solche Unternehmen gab es kaum noch. Auch »Hechtling«, die von irgendwelchen neunmalklugen Beratern inzwischen den Beinamen »Group« erhalten hatte, war Ende des 19. Jahrhunderts von einem Kaufmann gegründet worden, der noch eiserne unternehmerische Prinzipien und ein großes Verantwortungsbewusstsein seinen Mitarbeitern gegenüber besaß und der sich jetzt angesichts des Treibens seiner Nachfolger vermutlich im Grab herumdrehte.

Doch auch die Kunden trugen bedauerlicherweise dazu bei, dass der Druck auf uns gemeines Fußvolk da unten immer größer wurde. Da gab es zum Beispiel die Stadtverwaltung einer Nachbargemeinde von Gelsenkirchen. Dort wurde ein Mitarbeiter eigens dafür abgestellt, die gesamten Reinigungsaufträge zu kontrollieren, die unter anderem wir bei »Hechtling« für diese Kommune umzusetzen hatten. Das Ganze funktionierte anhand von genauen Putzplänen, in denen die Aufgaben für jeden Tag festgelegt waren. So sollten am Montag alle Fußleisten gewischt werden, am Dienstag alle Tische gesäubert und am Mittwoch alle Heizungen abgestaubt werden. Solche starren Vorgaben umzusetzen war jedoch schlichtweg unmöglich, angesichts von gerade mal eineinhalb Stunden Zeit für eine gesamte Etage! Anstatt uns also an den bescheuerten Plan zu halten und jeden Mittwoch 40 einzelne Heizkörper zu feudeln, selbst wenn die gar nicht schmutzig waren, versuchten wir, das Gebäude so zu putzen, wie es uns unser gesunder Menschenverstand sagte. Nur dass das leider manchmal nicht nach Plan lief. Und wenn ein deutscher Beamter etwas gar nicht leiden mochte, dann das!

Daraufhin hatte der akribische Stadtangestellte natürlich immer mal wieder eine Handhabe für eine Beschwerde an unsere Firma – wir hatten uns ja nachweislich nicht an die behördliche Vorgabe gehalten. Mit dem Mängelprotokoll in der Hand marschierte der Mann dann ganz wichtig zu unserer Vorarbeiterin, machte eine Welle und drückte den Preis, was jedes Mal eine Menge Ärger nach sich zog und einen riesigen Anschiss für die jeweils »Schuldige« gab. Und gelegentlich war dann der ganze Auftrag weg – und mit ihm kurz darauf eine Handvoll Kolleginnen, deren Arbeitsvertrag damit auslief.

Eine Kollegin sollte einer solchen unpraktikablen Aufstellung zufolge mal innerhalb von zwei Stunden acht Klassenräume einer Gelsenkirchener Schule saubermachen, inklusive der Gänge versteht sich. Das Problem war nur, dass in jedem dieser Zimmer 30 Kinderstühle herumstanden, die plangemäß Montag für Montag gereinigt werden mussten. Nun war ich noch nie eine besondere Leuchte im Kopfrechnen. Dass aber 8 mal 30 ein Ergebnis von 240 ergibt, wusste ich. Und dass unterm Strich gerade einmal 30 Sekunden Zeit pro Stuhl übrig blieben, um diesen hochzuheben, auf den Tisch zu stellen und dann noch ordentlich abzuputzen, ebenfalls. Das konnte in dieser Zeit gar nicht gehen, selbst dann nicht, wenn die Frau einen Arm mehr gehabt hätte. Angesichts dessen war es leider auch klar, dass von uns manchmal gar keine anständige Arbeit abgeliefert werden konnte – und der nächste Auftrag flöten ging.

Je mehr ich solche unschönen Dinge aus unserem Betrieb und natürlich auch von der Konkurrenz mitbekam, desto nachdenklicher wurde ich. Es ließ sich nicht mehr wegdiskutieren, dass das veränderte politische Klima zu einem immer härteren Konkurrenzkampf innerhalb unserer Branche geführt hatte. Und dass dieser immer härtere Konkurrenzkampf immer mehr Opfer auf Arbeitnehmerseite forderte. Mittlerweile war ich nicht mehr nur eine von ein paar hundert Putzfrauen in diesem Unternehmen, die sich mal eben nebenbei ein bisschen für die Rechte der anderen Mitarbeiter einsetzte. Sondern ich wurde notgedrungen mehr oder weniger zur Mutter der Kompanie, die versuchte, zumindest die schlimmsten Brandherde zu löschen. Und auch wenn ich meinen

Vorgesetzten das Leben so schwer machte wie nur nötig – es gelang mir zu meinem großen Bedauern nicht immer.

Ich wollte mir nicht wirklich eingestehen, dass das alles ganz schön an mir nagte. Klar, ich hatte nicht den gesündesten Job mit all den körperlichen Belastungen, die mir nun, nach so langer Zeit, längst nicht mehr so leicht von der Hand gingen wie seinerzeit, als ich als junges Mädchen bei »Sinn« in diesem Arbeitsfeld anfing. Wenn ich abends ins Bett fiel, spürte ich jeden einzelnen Knochen. Und oft genug lag ich stundenlang wach, weil mir die negativen Umstände im Kopf herumgeisterten. Weil ich einfach nicht Nein sagen konnte, hatte ich mir auch noch die Tätigkeit als ehrenamtliche Richterin am Arbeitsgericht aufgehalst und sah noch weitaus mehr Ungerechtigkeiten, als ich sie bei »Hechtling« ohnehin schon mitbekam.

Eine Kollegin von einer anderen Reinigungsfirma wurde nur deshalb fristlos entlassen, weil sie auf ihre selbstverständlichen Rechte pochte und bei einer genehmigten Protestaktion für bessere Löhne mitmachte – der Chef hatte seine Mitarbeiterin bei dem Protest im Fernsehen gesehen und schmiss sie ohne Vorwarnung raus. Eine weitere Putzfrau verlor nach 20 tadellosen Jahren ihren Job, weil sie ein paar Pfandflaschen aus der Mülltonne klaubte: Sie wollte nur die paar Cent einlösen, die demjenigen, der die Flaschen zuvor weggeworfen hatte, offenbar nicht wichtig waren. Eine 32-jährige Reinigungskraft bezahlte den Schluck aus einer fast leeren Orangensaftflasche mit ihrem Arbeitsplatz. Eine treue Sekretärin nahm sich gedankenlos eine Frikadelle von einem Imbissteller, der für eine Konferenz bereitgestellt worden war – und flog deshalb nach 34 Dienstjahren ebenfalls hochkant aus dem Betrieb.

Und ich wusste aus eigener Erfahrung von riesigen Objekten, die früher von 43 Festangestellten geputzt wurden und in denen nun noch 14 Mädels auf 400-Euro-Basis saubermachten. Oder von Krankenhäusern, die ihre festangestellten Schwestern, Pflegerinnen und Putzfrauen von jetzt auf gleich in eine Servicegesellschaft überführten und dieselben Leute mit 18 Prozent weniger Kosten an sich selber verliehen. Aber nun standen vor mir auch noch Familienväter, die zusammen mit ihren Kollegen jeden Morgen durch dasselbe Werkstor in dasselbe Gebäude marschierten, aber nicht mit ihnen billig in der Kantine essen durften, weil sie bei einer Leiharbeitsfirma angestellt waren. Oder Mütter, deren Einsatzort willkürlich vom Arbeitgeber von der Heimatstadt in einen 60, 70 oder 80 Kilometer entfernten Standort verändert worden war und die sich schon die Fahrkarte dorthin gar nicht leisten konnten. All diese Beispiele machten deutlich, dass bei uns in Gelsenkirchen wie auch praktisch überall anderswo in Deutschland sich viele Arbeitgeber aufführten wie Sklavenhalter im alten Rom. Sie behandelten ihre Angestellten wie Menschen zweiter Klasse. Diese Tatsache machte mich traurig, wütend – und langsam auch krank, wie sich bald herausstellen sollte.

4.

»Wenn deine Nummer gezogen wird, biste weg« – Meine späte Versöhnung und keine besonders rosigen Aussichten

Über 20 Jahre lang hatte ich nichts von meinen Eltern gehört. Es herrschte komplette Funkstille zwischen uns. Anfangs, nach der Trennung von Thomas, versuchte ich noch, immer mal wieder Kontakt zu ihnen aufzunehmen – auch und vor allem, damit sie mitbekamen, wie es ihren Enkeltöchtern Nadine und Sabrina ging. Aber irgendwann schliefen auch diese leider ziemlich einseitigen Versuche ein. Das Tischtuch zwischen uns war einfach zerschnitten – einerseits wegen der Scheidung, die sie einfach nicht verstehen konnten und wofür sie allein mir die Schuld gaben. Andererseits aber auch wegen meines Berufes, für den sich Mutter und Vater immer vor den Nachbarn schämten. Insofern wusste ich sofort, dass etwas passiert war, als das Telefon klingelte und sich meine kleine Schwester ebenfalls nach längerer Zeit wieder einmal bei mir meldete.

»Mama ist tot«, sagte sie.

Im Gegensatz zu mir hatte sie immer eine verhältnismäßig innige Beziehung zu unseren Eltern aufrechterhalten, weil sie als Nesthäkchen ganz andere Menschen kennenlernen durfte als ich oder meine große Schwester. Bei ihr machten die beiden viele Fehler nicht mehr, die wir als die älteren Kinder noch bitter zu spüren bekamen. Dass das Leben aber in manchen Momenten sehr ungerecht sein konnte, ließ sich eben nicht mehr ändern. Ich war nun wirklich ein genügsamer Mensch, was Gefühle anging, und wenn ich nur einen Bruchteil des Vertrauens und der Zuneigung erfahren hätte, wie es die Kleinste von uns drei Kindern früher spüren durfte, wäre ich wahrscheinlich schon vollauf zufrieden gewesen. So aber war meine schrittweise Distanzierung vom Elternhaus die einzige Möglichkeit, wie ich mit dieser andauernden Zurückweisung umgehen konnte. Jedenfalls teilte mir mein Schwesterlein noch Ort und Tag der Beerdigung mit, und das war's.

Ich wusste nicht recht, wie ich auf diese überraschende Nachricht reagieren sollte. Natürlich war mir der Tod meiner eigenen Mutter nicht egal. Trotzdem empfand ich keine Trauer und keinen Schmerz. Mir war lediglich mulmig, weil klar war, dass ich auf der Bestattungsfeier auch auf meinen Vater treffen würde, der mittlerweile 75 Jahre alt geworden war und von dem ich weder wusste, wie es ihm ging, noch, wie er wohl auf mich reagieren würde. Aller unbehaglichen Gefühle zum Trotz beschloss ich hinzugehen. Ich wollte mir von meiner restlichen Familie nichts nachsagen lassen. Und außerdem kann man nie wissen, ob einem solche Versäumnisse später mal nicht doch um die Ohren fliegen, wenn man vor seinem letzten Richter steht.

Als Vater und ich uns am Grab erstmals seit mehr als zwei Jahrzehnten in die Augen sahen, nickten wir uns nur kurz zu. Auch beim anschließenden Kaffeetrinken unterhielten wir uns nicht. Nur zum Abschied drückte er mich kurz an sich, sagte auf Wiedersehen und verschwand mit meinen beiden Schwestern, die ihn nach Hause fuhren. Danach war die Sache für mich erledigt – und für meinen alten Herrn offensichtlich auch, denn ich hörte erneut nichts mehr von ihm. Bis ich eineinhalb Jahre später plötzlich einen unerwarteten Gesprächspartner in der Leitung hatte.

»Ich bin's«, sagte eine brüchige Stimme, und ich stand voll auf dem Schlauch. Der vermeintlich unbekannte Mann hatte zunächst einen Nachnamen genannt, der rund 18 Jahre lang auch mein Nachname gewesen war. Aber ich war dermaßen perplex und überrumpelt, dass ich überhaupt nicht kapierte, dass es sich bei dem Anrufer um meinen Vater handelte.

»Ich mach's kurz«, erklärte er. »Susanne, ich hab' Stress mit deinen Schwestern. Ich brauch' dich gez«, fügte er hinzu. »Können wir uns unterhalten?«

»Also, das kommt jetzt, sagen wir mal, etwas überraschend«, stammelte ich. »Ich muss das erstmal sacken lassen. Ruf mich morgen wieder an, am besten um dieselbe Zeit.«

Ich atmete tief durch und wusste nicht, was ich davon halten sollte. Als ich am Abend Bernie von der Sache erzählte, gab er mir wie meistens einen guten Rat. »Dat ist dein' Vatter! Dat kannste nich' einfach abstreifen. Hör' dir wenigstens an, wat der Mann dir zu sagen hat.«

Also verabredeten wir uns am nächsten Tag zu einem Treffen in seiner Wohnung, was wiederum einen Tag später stattfand. Während ich ihm gegenübersaß, sah ich mich erstmal um. Ich wollte wissen, wie er und Mutter denn die letzten Jahre überhaupt gelebt hatten, nachdem sie aus der Bude ausgezogen waren, in der ich aufgewachsen war. Dabei schwirrten eine Menge Gedanken in meinem Kopf herum.

Vor mir saß ein alter, gebrochener Mann, zu dem ich eigentlich keine Beziehung mehr besaß, der mir aber auch irgendwie leidtat: Er teilte mir mit, dass er sich mit seinen anderen Töchtern vollkommen überworfen habe, weil vor allem die Kleine ihn seiner Meinung nach von vorne bis hinten betrüge und nach Strich und Faden ausnutze. Nun suche er jemanden, der sich ganz ohne finanziellen Hintergedanken um seine Angelegenheiten und seinen Nachlass kümmere. Und natürlich auch um ihn, bevor es so weit war, aber das sagte er nicht.

160

Als wir zaghaft und unsicher miteinander redeten, versuchte ich, meine Gefühle zu sortieren. Erstaunlicherweise merkte ich recht schnell, dass ich ihm nicht mehr böse war wegen der Vergangenheit. Wir hatten beide Fehler gemacht, und auch er konnte sich gegen meine krankhaft verbitterte Mutter letztlich niemals durchsetzen. Schließlich sagte ich zu, ihm zu helfen – wenn auch seine Motive, mich zu kontaktieren, zum damaligen Zeitpunkt sicherlich sehr egoistisch waren.

In den folgenden Tagen machte ich eine Menge verschiedene Termine für ihn aus, kümmerte mich um die ein oder andere Vollmacht, regelte ein paar Bankengeschichten und arbeitete anderen Schreibkram ab. Ganz langsam näherten wir uns einander an. Ich beschloss, künftig immer am Mittwochvormittag bei ihm vorbeizukommen: Da hatte ich frei, und je regelmäßiger ich nach ihm schaute, desto mehr würde ich vielleicht begreifen, was für ein Mensch das war, der auf einmal wieder in mein Leben getreten war.

Auch wenn ich in diesem Augenblick überhaupt noch nicht an derartige Konsequenzen dachte – aber wer sich entschließt, ein Elternteil oder gar beide Eltern zu pflegen, der geht in Sachen Armut ein verdammt hohes Risiko ein! Immerhin müssen die meisten tatsächlichen Kosten von den Angehörigen gestemmt werden; die Pflegekassen übernehmen statistisch gesehen allenfalls ein Drittel. Doch Zuzahlungen für Medikamente, erforderliche technische Hilfsmittel, Transporte zum Arzt oder zu Reha-Einrichtungen oder zusätzliche Ausgaben für Strom und Wasser gehen schnell fürchterlich ins Geld und wachsen vielen Pflegenden über den Kopf. Und da die durchschnittliche Pflegedauer heutzutage bereits weit über neun Jahre beträgt und viele Leute für diese Aufgabe sogar ihren eigenen Beruf aufgeben, steht womöglich derjenige, der einem nahestehenden Verwandten einfach einen würdigen Lebensabend ermöglichen wollte, am Ende völlig mittellos da. Anders als ein Pflegeheim-Betreiber kann man mit privater Pflege eben kein Geld verdienen.

Im Gegenteil: Beispielsweise wird für eine täglich mindestens dreistündige Pflege eines Angehörigen in Pflegestufe II später ein Betrag von gerade mal 11,23 Euro als Rentenleistung angerechnet. Das ist ein ganz schlechter Witz für jemanden, der sich nicht nur vorbildlich in Sachen Nächstenliebe verhält, sondern zusätzlich auch in Kauf nimmt, viele Kontakte in seinem sozialen Umfeld zu verlieren – weil halt vor lauter Maloche keine Freizeit mehr übrig bleibt, um mit den Freundinnen mal eben ein Käffchen trinken zu gehen. Es ist meiner Meinung nach auch hochgradig ungerecht, dass pflegende Angehörige zuerst alle ihre Rücklagen bis auf die Freigrenze von 2600 Euro aufbrauchen müssen, bevor sie Hartz-IV-Leistungen beantragen können.

Auch die Bereitstellung von erforderlichen Utensilien geht in vielen Fällen total an der Realität vorbei: Es

162

gibt zwar Zuschüsse zu sogenannten »Pflegehilfsmitteln«, die den Pflegenden in allen vier Pflegestufen von der Versicherung zur Verfügung gestellt werden. Diese Zuschüsse aber sind auf 40 Euro im Monat beschränkt. Von diesem Betrag aber kann man kaum einen Badewannenaufsatz oder ordentliche Betteinlagen bezahlen, und wer weiß, was zum Beispiel Inkontinenzwindeln kosten, der mag sich gar nicht vorstellen, wie teuer das bisweilen werden kann, wenn ein Pflegebedürftiger sieben oder acht Mal am Tag eine solche Windel benötigt, weil er gerade Durchfall hat – von der Scham der Betroffenen ganz abgesehen!

Doch an solche Schicksale – oder daran, pflegende Angehörige als eigene Gruppe in der Rentenversicherung einzustufen – haben unsere schlauen Sozialgesetz-Experten blöderweise nicht gedacht, als sie die Pflegeversicherung einst einführten. Da nützt auch das neue Familienpflegezeitgesetz nix, das in diesen Fällen eigentlich eine finanzielle Entlastung bringen sollte, aber leider auf 24 Monate begrenzt ist.

Und doch nehmen trotz all dieser Hürden knapp 1,9 Millionen Menschen diese Bürde gegenwärtig auf sich. Das entspricht einer wirtschaftlichen Leistung von 29 Milliarden Euro und somit 6 Milliarden mehr, als die Pflegeversicherung an Leistungen ausschüttet. Da geht doch etwas nicht ganz auf, oder?

Nachdem ich meinen Vater so lange nicht erlebt hatte, fiel mir anfangs gar nicht auf, dass auch er bereits krank und pflegebedürftig war. Und so nahm ich natürlich seinen Hilferuf ernst, der mich nach ein paar Wochen nachts um 3 Uhr erreichte.

»Susanne, du musst unbedingt was unternehmen«, rief er aufgeregt ins Telefon. »Mein ganzes Geld ist weg! Stell dir vor, ich bin ausgeraubt worden!«

Ich raste zu seiner Wohnung – und fand meinen verzweifelten Vater völlig aufgelöst inmitten eines einzigen, großen Chaos. Alle Schubladen waren herausgerissen, die Schranktüren standen offen, auf dem Boden lagen Klamotten und Unterlagen verstreut herum. Es sah aus, als hätte eine Bombe eingeschlagen.

»Ich bin bestohlen worden! Das war das Rote Kreuz«, schrie er. »So eine furchtbare Gemeinheit!«

Zwei Stunden später saß ich auf der Polizeiwache und erstattete Anzeige. Um Punkt acht stand ich dann bei der Sparkasse auf der Matte und ließ sein Konto sperren. Als ich danach wieder bei meinem Vater vorbeischaute, traf ich auf die Krankenschwester, die seit einiger Zeit immer wieder nach ihm sah.

»Dat isse! Dat is' die Frau, die mich bestohlen hat!«

Ich war fassungslos. Konnte es tatsächlich sein, dass eine Mitarbeiterin des Roten Kreuzes einen alten Mann mitten in der Nacht ausraubte? Oft kann man die Geschichten alter Leute schwer einschätzen. Noch bevor ich etwas zu ihr sagen konnte, nahm sich mich beiseite und blickte mich mit ernster Miene an.

»Sind Sie die Tochter?«, fragte sie mich leise. »Sie müssen wissen, dass Ihr Vater schwere Gedächtnislücken hat und in letzter Zeit immer wieder solche Ausfälle aufgetreten sind. Er trinkt viel zu wenig, und dann dehydriert das Gehirn. Da müssen wir dringend etwas gegen tun!«

Schnell ließ sich herausfinden, dass die Frau meinem Vater rein gar nichts gestohlen hatte – im Gegenteil. Sie kümmerte sich seit etlichen Monaten alle paar Tage um ihn, und er hatte die ganze Geschichte im Wahn erfunden und sich so sehr in alles hineingesteigert, dass ich ihm seine Räuberpistole tatsächlich abgekauft hatte. Ich erschrak über seinen Zustand und überredete ihn, sich zur Beobachtung für einige Zeit in die geriatrische Abteilung einer Gelsenkirchener Klinik zu begeben.

Dort wechselten sich Licht und Schatten ab. Einmal warf er mir vor, seine Wohnung verkauft zu haben, während er im Krankenhaus lag, und wurde fuchsteufelswild. Er ließ sich erst wieder besänftigen, nachdem ich ihm am nächsten Tag Videoaufnahmen von seinem Zuhause zeigte, die ich eilig mit der Handykamera aufgenommen hatte. Danach stellte sich heraus, dass er eigenmächtig seine Medikamente abgesetzt hatte. Aber die Ärzte bekamen ihn ganz gut wieder hin, zumindest vorübergehend.

Trotzdem ging es von da an langsam, aber stetig bergab mit ihm. Immer sonntags holte ich ihn ab, um mit ihm zum Friedhof zu fahren und das Grab von Omma zu besuchen. An einem dieser Tage wartete er am Gehsteig mit einer Handvoll leerer Einkaufstüten, als ich ihn vor der Wohnung aufsammeln wollte.

»Wat willste mit den Tüten?«, fragte ich.

»Kannste mich danach gleich nach Aldi fahren«, antwortete er.

»Heute is' doch Sonntach! Da kannste auch bei Aldi nich' einkaufen!«, sagte ich zu ihm – und war traurig. Ich wusste, dass es bei dieser Entwicklung kein Zurück mehr geben würde. Während unserer Gespräche in den letzten Monaten hatten wir uns weiter angenähert, als ich das jemals für möglich gehalten hatte. Nur unsere gemeinsame Geschichte, die mich immer noch so sehr beschäftigte, ließ sich angesichts seines Zustandes nicht mehr aufarbeiten, obwohl er immer wieder viel von früher erzählte. Doch um wirklich in die Tiefe zu gehen, dazu fehlte ihm die Kraft. Ich versuchte, es hinzunehmen, und begann, meinen Frieden mit ihm zu schließen.

Immer längere Aufenthalte in der Geriatrie wechselten sich nun mit immer kürzeren Phasen zu Hause ab. Rund um Weihnachten war er mal wieder zur Einstellung seiner Medikamente im Krankenhaus. Ich besuchte ihn täglich und brachte ihm jeden Tag einen Apfel oder eine Mandarine und ein Stück Gebäck mit, aber nach einigen Tagen befand er sich in einem jämmerlichen Zustand. Ich zuckte zusammen, denn ein Blick unter die Bettdecke offenbarte, dass er binnen kürzester Zeit acht Kilo abgenommen hatte, was sich die Ärzte auf meine Nachfrage hin aber nicht erklären konnten.

Leider musste ich feststellen, dass meine Schwestern ihre Verlässlichkeit von unserer Mutter geerbt hatten, denn keine von beiden erklärte sich bereit, ihn an einem der Feiertage zu besuchen. Und ich bekam erstmals hautnah mit, wie unser Gesundheitssystem arbeitet, wenn man in manchen Fällen den Verantwortlichen nicht jeden Tag auf die Finger guckt.

Weil ich am zweiten Weihnachtstag daheim wie immer volles Haus mit allen Kindern und Enkelkindern von Bernie und mir hatte, konnte ich an diesem Tag ausnahmsweise nicht nach Vater sehen. Am 27. Dezember war ich jedoch wieder vor Ort und bemerkte, wie er sich einen Teller Brühe von seinem Zimmernachbarn schnorrte und zitternd über die kleine Schale Reis schüttete, die vor ihm stand.

»Wat machste denn da?«, fragte ich.

»Na, dat is' mein Essen«, sagte er und schaute mich mit leerem Blick an. »Krieg ich schon die ganze Woche. Mittags Suppe, abends Reis.«

Ich konnte kaum glauben, was ich da hörte. Also lief ich zum Professor und beschwerte mich.

»Hören Sie, gute Frau. Ich bin hier nur für die medizinischen Fragen zuständig«, wimmelte mich der Doktor ab. »Klären Sie das bitte mit der Oberschwester.«

Genau das tat ich dann auch. Ich ließ mir die Essenspläne kommen und fand heraus, dass mein Vater seit dem ersten Moment, an dem er wieder hierher eingeliefert worden war, ausschließlich eine dünne Suppe und eine Handvoll trockenen Reis bekam. Angesichts dessen war es kein Wunder, dass der Mann acht Kilo abgenommen hatte, obwohl ich ihn mit Kuchen und Obst versorgte. Was ich als Erklärung von der zuständigen Stationsleitung zu hören bekam, haute mich dann fast aus den Socken.

»Tja, Ihr Herr Vater hat seinen Essensantrag nicht richtig ausgefüllt. Dann kann's leider auch nix anderes geben. Wir müssen uns ja auch an das halten, was wir schriftlich vorliegen haben!«

So funktionierte das hier also: Wer als kranker und geistig zumindest gelegentlich verwirrter Mensch einen Antrag nicht korrekt abgab, der musste sich eben ernähren wie ein Strafgefangener in Nordkorea. Natürlich waren die dort in der Klinik an allen Ecken unterbesetzt, und wahrscheinlich musste das Fußvolk sich mit den gleichen zur Gewinnmaximierung beauftragten Idioten in der Geschäftsleitung herumstreiten und deren Entscheidungen ausbaden wie wir bei »Hechtling« auch. Aber während es bei uns zumindest nur um Putzpläne mit unrealistischen Vorgaben ging, standen hier Menschenleben auf dem Spiel! Ich machte die vermutlich größte Welle, die diese geriatrische Abteilung jemals gesehen hat. Und sicherte damit wenigstens meinem Vater und seinen ähnlich hilflosen Leidensgenossen bis zur Entlassung ein ordentliches Mittag- und Abendessen. Nachdem er wieder zu Hause war, erholte er sich rasch. Er machte einen zuversichtlichen Eindruck und nahm auch schnell wieder zu.

Ein halbes Jahr später allerdings ging es nicht mehr. Mein Vater brach mitten in der Nacht vollkommen geschwächt und von Krämpfen geschüttelt in seinem Badezimmer zusammen und musste erneut ins Krankenhaus. Dort stellte man fest, dass er sich angeblich mit Rota-Viren infiziert hatte, und brachte ihn in ein Isolierzimmer. Zehn Tage lang krümmte er sich auch dort vor Schmerzen, obwohl er zeit seines Lebens ein echt harter Knochen gewesen war – bis endlich ein Arzt bemerkte, dass nicht irgendwelche Viren das Problem waren. Sondern sein Darm, der inzwischen so üble Verschlingungen hatte, dass das Organ nur noch komplett entfernt werden konnte. Nachdem er die Diagnose hörte, drückte er mir sein Mobiltelefon in die Hand.

»Susi, lösch' für mich alle Nummern bis auf deine. Ich brauch' die gez nicht mehr!«

Ich musste schlucken, führte aber seinen Auftrag aus: Er benötigte die wenigen Kontakte, die er hatte, nun wirklich nicht mehr, denn seine paar Bekannten interessierten sich nicht für ihn – und meine beiden Schwestern hatten es noch immer nicht fertiggebracht, ihn wenigstens kurz zu besuchen, obwohl ich sie per SMS ständig über seinen erbärmlichen Zustand informierte. Ich dagegen wachte inzwischen drei Mal täglich an seinem Bett. Er lehnte die notwendige Operation kategorisch ab, weil die Folgen des Eingriffs für ihn bedeutet hätten, nicht mehr selbstständig leben zu können – falls er ihn denn überhaupt überlebt hätte.

»Aber dann kratzte doch ganz sicher ab«, sagte ich. »Dat kannste doch nicht machen!«

»Doch, Susi, dat kann ich«, antwortete er.

Die behandelnden Ärzte redeten immer wieder auf mich ein, einer OP doch zuzustimmen. Aber unter all dem Papierkram, den mir mein Vater nach unserem ersten Wiedersehen aufs Auge gedrückt hatte, befand sich auch eine Patientenverfügung, die eindeutig regelte, was er wollte – und vor allem: was nicht. Darüber hinaus wusste ich, dass er mich umbringen würde, wenn er nach der Prozedur die Augen aufschlug und in einem Pflegeheim aufwachte. Und ihn zu uns nach Hause holen konnte ich ihn schon aus Platzgründen nicht.

Am darauffolgenden Wochenende verschlechterte sich sein Zustand dramatisch. Er war nicht mehr ansprechbar und wurde immer schwächer. Ich war nun pausenlos bei ihm – und schaute ihm gewissermaßen beim Sterben zu. Nur Sonntagmittag musste ich kurz nach Hause, um mich ein paar Stündchen hinzulegen und mich auszuruhen. Plötzlich sah ich meinen Vater im Wohnzimmer stehen, der mich ernst anblickte.

»Komm gez«, sagte er. »Es wird Zeit.«

Ich raste zum Krankenhaus. Die behandelnde Ärztin war erstaunt, als sie mich sah.

»Oh, Frau Neumann. Was machen Sie denn hier? Hat man Sie denn schon informiert?«

»Ich weiß Bescheid«, sagte ich. »Mein Vater hat es mir gesagt.«

Ich bin normalerweise nicht anfällig für übersinnliche Erscheinungen und solchen Klimbim. Aber ich hatte an diesem Nachmittag weder geträumt noch irgendwelche Tabletten geschluckt. Ich war hellwach – und überzeugt davon, dass mich mein alter Mann ein letztes Mal zu sich rufen wollte. Also setzte ich mich erneut an sein Krankenbett und wartete. In der darauffolgenden Nacht konnte ich keine einzige Sekunde schlafen – wegen der grauenhaften Geräusche der Beatmungsgeräte und auch, weil ich so aufgewühlt war. Am nächsten Morgen ging ich für einen Moment an die frische Luft, um Bernie anzurufen. Als ich nach fünf Minuten wieder ins Zimmer zurückkam, war mein Vater gestorben. Es sah ganz so aus, als hätte er extra abgewartet, bis ich draußen war.

In den folgenden Tagen organisierte ich die Beerdigung, zu der weder meine kleine noch meine große Schwester erschienen. Auch wenn ich selbst über viele Jahre keinen Kontakt zu meinen Eltern suchte, empfand ich es als unerträglich, nicht einmal den letzten Weg mit diesem Menschen mitgehen zu wollen. Für mich war es, als hätte ich für kurze Zeit meinen Vater wiedergefunden – und dafür meine zwei Schwestern für immer verloren! Bald darauf löste ich seine Wohnung auf und spendete die guten Möbel und einige andere brauchbare Gegenstände und Kleidungsstücke an die Caritas. Währenddessen flatterte eine Krankenhausrechnung nach der anderen bei mir ein. Als Beamter war mein Vater privat versichert, und die Bezahlung hätte mich fast an den Rand des Ruins gebracht. Noch monatelang stritt ich mich mit seiner Krankenkasse herum, um die Auslagen wenigstens halbwegs zurückzubekommen.

Dabei hatte ich ja währenddessen mein normales Einkommen zur Verfügung. Trotzdem stellte ich bei dieser Gelegenheit fest, wie schnell man auch durch eine Krankheit die gesellschaftliche Leiter ein paar Sprossen nach unten rutschen kann: Wer als Geringverdiener oder gar Arbeitsloser ohnehin jede Ausgabe doppelt und dreifach überlegen muss, für den stellen nicht nur die obligatorischen Rezept-Zuzahlungen gerade bei chronischen Erkrankungen wie Asthma oder Migräne eine oft unüberwindbare finanzielle Hürde dar, weil eben selbst 10, 20 oder 30 Euro pro Monat für die dringend benötigten Medikamente eine empfindliche Lücke ins Budget reißen. Auch ein 50-prozentiger Zuschuss etwa beim Zahnersatz nutzt einem Hartz-IV-Empfänger nix, wenn derjenige für die dringend benötigte Brücke plötzlich 1000 Euro berappen soll. Und die sogenannten »IGeL«-Leistungen, die uns unsere Ärzte immer häufiger aufschwatzen wollen, werden ebenso zu einem großen Problem. Was aus Sicht der Mediziner nur logisch sein mag, weil sie ansonsten kaum noch Geld mit unseren Wehwehchen verdienen können, ist aus dem Blickwinkel armer Patienten eine Katastrophe: Aus Angst vor der nächsten Rechnung für eine vorsorgende Ultraschall-Untersuchung, die Früherkennung bei Grünem Star oder eine professionelle Zahnreinigung gehen viele meiner Bekannten schon gar nicht mehr zum Onkel Doktor. Und werden dadurch erst richtig krank!

Doch auch die private Krankenversicherung kann einem später um die Ohren fliegen. Menschen, die im Alter von 20, 25 Jahren mit Lockangeboten von schlappen 60 Euro Monatsbeitrag geködert werden, stehen ein paar Jahrzehnte später womöglich vor ernsthaften Schwierigkeiten: Beiträge, die im Alter fast zwei Drittel der monatlichen Rente auffressen, sind mittlerweile leider keine Seltenheit. Deswegen rate ich jedem ab, in jungen Jahren den Schlickefängern[8] auf den Leim zu gehen und

---

[8] Schlitzohr, Gauner

in die ach so günstige PKV zu wechseln. Zwar kann man bis zu seinem 55. Lebensjahr bei entsprechend niedrigem Einkommen oder Arbeitslosigkeit in die gesetzliche Versicherung zurückkehren. Danach aber ist der Zug abgefahren – und es bleibt nur noch der sogenannte Basistarif, der aber zur Folge hat, dass die Betroffenen auf den meisten Arztrechnungen sitzen bleiben.

Mein Vater hatte diese Probleme zu Lebzeiten glücklicherweise nicht, aber auch sonst bestand seine Hinterlassenschaft lediglich aus einem kleinen Guthaben, das allerdings komplett für alle anfallenden Kosten draufging, weil selbst eine anständige Bestattung in unserem Land mit mehreren Tausend Euro zu Buche schlägt. Übrig blieben ein paar alte und wertlose Sachen, die ich nur noch zum Recyclinghof bringen oder wegwerfen konnte. Als ich das schließlich machte, erinnerte ich mich an jenen Satz, den mein Vater früher immer vor sich hinbrummte, wenn es um Gelddinge ging: »Wenn ich mich mal vonne Erde verabschiede, bleibt von mir nur ein Haufen Sperrmüll über.« Ich blickte auf das Zeugs, das ich gerade entsorgte, und wusste nicht, ob ich lachen oder weinen sollte: Auch in dieser Hinsicht hatte mein alter Mann doch tatsächlich Recht behalten!

Sein Tod machte mich in vielerlei Hinsicht nachdenklich. Ich war froh, dass wir im Reinen miteinander waren, als er starb. Aber ich nahm das Ereignis zum Anlass, nun einige meiner persönlichen Angelegenheiten endgültig zu regeln. Als Allererstes setzte ich ebenfalls eine Patientenverfügung auf. Wer sich wie ich sein ganzes Leben für andere Leute langmacht, der kann den Gedanken nicht ertragen, eines Tages auf die Hilfe von nachlässigen Ärzten, gestressten Krankenschwestern oder gruseligen Schläuchen und Maschinen angewiesen zu sein und zusätzlich seine Angehörigen mit diesem hoffnungslosen Anblick zu belasten, wenn sie sich denn überhaupt für einen interessieren. Bernie wollte von all diesen Dingen natürlich nix hören. Ich aber wusste, dass es richtig war. Dass das Thema jedoch sehr bald für mich aktuell sein würde – das konnte ich wiederum nicht wissen.

Während der Zeit, zu der ich meinen Vater betreute, hatte ich mehr Kontakt zu Ärzten als zuvor in meinem gesamten Leben. Da wir beide zufällig zum selben Hausarzt gingen, packte ich bei einem unserer Besuche die Gelegenheit beim Schopf und ließ mich ausnahmsweise auch mal komplett durchchecken. Das Ergebnis war äußerst erfreulich: Meine Blutwerte waren in Ordnung, die Pumpe machte keinerlei Probleme, und selbst die Lunge hatte meine ungesunde Vorliebe für Zigaretten bis dato einigermaßen unbeschadet überstanden.

»Alles optimal, Susi«, sagte der Doktor. »Wenn ich nur solche Patienten hätte wie dich, dann könnte ich meine Praxis dichtmachen. An dir kann man echt nix verdienen.«

Ich hörte das natürlich gerne. Trotzdem schien in letzter Zeit irgendwas in meinem Körper aus den Fugen geraten zu sein – und zwar im wahrsten Sinne des Wortes: Ich wurde nämlich immer dicker! Die kontinuierliche Gewichtszunahme, die man mir langsam, aber sicher deutlich ansah, konnte ich mir nicht erklären. Ich aß dasselbe Zeug wie sonst auch, naschte nicht heimlich und versuchte sogar, eine strenge Diät einzuhalten. Aber es half alles nichts – mein Bauch wölbte sich immer stärker. Ich wollte der Sache trotz der medizinischen Entwarnung auf den Grund gehen und ließ mich nochmals untersuchen, diesmal von einer Ärztin. Sie tastete mich ab und fuhr mit dem Ultraschall über meinen Unterleib.

»Wann waren Sie denn das letzte Mal beim Frauenarzt?«, fragte sie schließlich und guckte mich mit gerunzelter Stirn an.

Ich überlegte kurz. Das lag in der Tat schon etwas länger zurück, was aber kein Wunder war: Wann hätte ich solche zeitaufwändigen Termine denn auch wahrnehmen sollen bei all dem Stress mit »Hechtling«, in der IG BAU und natürlich mit meinem Vater? Und ein Ehemann, der seine Olle zumindest ab und zu mal zu Gesicht bekommen wollte, wartete ja auch noch zu Hause.

»Na, das ist bestimmt fünf Jahre her«, sagte ich.

»Hmmm, das ist nicht gut. Ich überweise Sie jetzt sofort zu einer Kollegin. Die wird dann alles Weitere mit Ihnen besprechen.«

Die Frauenärztin, die mich daraufhin ein paar Tage später in Augenschein nahm, fiel fast vom Hocker, als sie das etwas genauere Ultraschallbild betrachtete, das sie nochmals vom Inneren meines Bauchraums angefertigt hatte: In meiner Gebärmutter befand sich ein riesiger Tumor! Nun wusste ich auch, warum ich in den letzten Monaten derart dick geworden war: Das war keine Fettplauze, die mir da rund um den Nabel wuchs. Sondern eine Geschwulst, die sich mittlerweile bis nach außen durchdrückte. Es war, als stünde ich neben mir, während mich die Ärztin mit jeder Menge medizinischer Fachbegriffe bombardierte.

»Bleiben Sie ruhig, Frau Neumann, das heißt noch gar nichts. Wir müssen erstmal den Abstrich abwarten. Dann sehen wir weiter.«

Nachdem ich die Praxis verlassen hatte, fing ich mich langsam wieder. Dat komische Dingens, das da offenbar schon über Jahre hinweg in mir drin vor sich hinwucherte, musste definitiv gutartig sein, redete ich mir ein – andernfalls hätte ich doch schon längst den Löffel abgegeben! In fünf Tagen sollten die abschließenden Ergebnisse vorliegen, und je näher der Folgetermin rückte, umso optimistischer war ich, dass sich der ganze Quatsch mittels eines kleinen Eingriffs ein für alle Mal entfernen ließ; verbunden mit der angenehmen Folge, dass ich wieder meine alte Figur zurückbekommen würde.

Als ich das Besprechungszimmer betrat, merkte ich schon am Blick der Ärztin, dass ich mich in meiner Einschätzung gewaltig täuschte.

»Frau Neumann, setzen Sie sich bitte«, sagte sie ernst. »Wir haben es hier mit einem Tumor der Klasse T5 zu tun.«

Ich hatte keine Ahnung, was diese Bezeichnung zu bedeuten hatte, aber es klang jedenfalls nicht gut. Sie erklärte mir, dass es bei der Beurteilung von Tumoren fünf Stufen im so genannten TNS-System gab. Und dass in meinem Fall bereits die allerletzte Einstufung erreicht war, was eine Größe von deutlich mehr als fünf Zentimetern sowie eine nicht unerhebliche Ausdehnung auf die benachbarten Organe zur Folge hatte. Das Wort »gutartig« kam in der Erläuterung von Frau Doktor leider überhaupt nicht vor. Stattdessen wollte sie mich umgehend ins nächste Krankenhaus überweisen. Im Klartext hieß das: Ich hatte Krebs im fortgeschrittenen Stadium. Da hatte ich wohl ordentlich einen verplättet bekommen!

»Es tut mir leid, aber ich kann gerade nicht«, sagte ich in einer Mischung aus Fassungslosigkeit und Trotz.

Das stimmte auch: Mit meiner Freundin Petra hatte ich schon seit Monaten eine Woche Ferien an der Ostsee ausgemacht. Nachdem Bernie und ich wegen der ständigen Umbauarbeiten am Haus und anderer Verpflichtungen ewig nicht wegfahren konnten, war diese eine Woche der einzige Urlaub, den wir Mädels uns seit einiger Zeit ein Mal im Jahr gönnten. Wir sparten immer ziemlich lange darauf, was bei Petra mit ihren 900 Euro netto noch einmal deutlich mühsamer war als bei mir. Umso größer war aber die Vorfreude, wenn es dann losging. In ein paar Tagen bereits sollte es so weit sein, und wer wusste angesichts dieser Diagnose schon, ob das jemals wieder klappen würde, wenn ich unseren Trip jetzt absagte. Die Frauenärztin guckte mich an wie ein Auto und war verstört.

»Nun, Frau Neumann, das kann ich leider nicht verantworten. Sie müssen sofort operiert werden. Alles andere wäre wirklich Harakiri!«

»Ach, wissen Se«, sagte ich, »wenn das Ding wirklich so groß ist und so lange schon da drinnen wächst, dann macht die eine Woche auch nix mehr aus.«

Die Ärztin schüttelte den Kopf, gab mir aber schlussendlich sogar recht. Ich bekam noch eine strenge Belehrung, wie riskant mein Vorhaben sei und dass das alles auch gehörig schiefgehen könne. Aber diese Warnungen waren mir in dem Moment wirklich egal. Direkt nach dieser niederschmetternden Diagnose machte ich mich auf den Weg zur Arbeit. Wenn ich jetzt bei meinem Freund Mühlenbrock den Hausflur seines Kanzleigebäudes putzte, dann konnte ich mich wenigstens am Marmor abreagieren. Der musste schließlich schon seit über 30 Jahren dafür herhalten, wenn mir mal eine Laus über die Leber gelaufen war.

Nachdem der Boden glänzte wie eine frische Speckschwarte, fuhr ich nach Hause, zog mich in mein Zimmer zurück – und dachte lange nach. Meine Zuversicht, die ich noch heute morgen gespürt hatte, war vollkommen weg. Stattdessen stieg eine Scheißwut in mir auf: Ich riss mir doch seit so vielen Jahren den Arsch für andere auf, malochte teilweise in drei verschiedenen Jobs, legte jeden Cent für diese blöde Bude beiseite und gönnte mir selbst fast gar nix, nur damit Bernie und ich im Alter mal keine Miete zahlen müssen und uns vielleicht mal etwas Außergewöhnliches leisten können. Und dann passiert so was! Das war einfach nicht fair.

Nachdem ich mich wieder gefangen hatte, beschloss ich, erstmal niemandem von der Diagnose zu erzählen. Ich wollte versuchen, meinen bevorstehenden Ostsee-Trip mit Petra zu genießen, so gut es ging. Zuvor absolvierte ich allerdings noch eine vorbereitende Untersuchung in jener Klinik, in der ich nach dem Willen meiner Frauenärztin sofort nach meiner Rückkehr operiert werden sollte – zumindest das hatte ich ihr versprochen. Der

Kollege, der mich dort in Empfang nahm und mit mir die nötigen Schritte besprach, machte jedoch keinen besonders zuversichtlichen Eindruck, als er die Ultraschallaufnahmen sah und den Bericht las.

»Klar können wir versuchen, das zu operieren«, meinte er bitter. »Aber der Tumor ist wirklich sehr groß. Ich glaube ehrlich gesagt nicht, dass da eine OP überhaupt noch Sinn ergibt. Sie müssen sich leider damit abfinden, dass Ihre Lebenserwartung überschaubar ist.«

Das saß. Weil ich mir aber schon früher angewöhnt hatte, bei kritischen Dingen immer eine zweite Meinung einzuholen, nahm ich den Pessimismus des Oberarztes hin. Ich entschied kurzerhand, einen weiteren Termin in einem anderen Krankenhaus zu vereinbaren, den ich allerdings tatsächlich erst nach meinem Urlaub wahrnehmen wollte. Vorher brachte das nun auch nix mehr. Ich erzählte weiterhin kein Wort von all dem – weder Bernie, noch meinen Töchtern oder einem Kollegen. Lediglich Rosi weihte ich ein – notgedrungen. Sie war die gute Seele bei der IG Bau und sollte für mich einige Sitzungen organisieren, die wir wegen des bevorstehenden 15. Juni anberaumt hatten.

Dieser Tag war nämlich seit einigen Jahren der Aktionstag der Gebäudereiniger, also quasi unser inoffizieller »Feiertag«. Was sich witzig anhörte, hatte aber einen durchaus ernsten Hintergrund: Der Tag erinnerte an einen legendären Streik der Putzkräfte in Los Angeles, bei dem am 15. Juni 1990 die Streikenden brutal von einigen hundert Polizisten niedergeknüppelt wurden. Später, nach einigen Gerichtsverfahren, musste die Polizei rund 3,5 Millionen Dollar an die amerikanische Reinigungsgewerkschaft bezahlen, und außerdem führte der Streik in den USA zu einer 25-prozentigen Gehaltserhöhung und der Einführung betrieblicher Krankenversicherungsleistungen in der gesamten Branche. Da ich an diesem wichtigen Tag aber ganz sicher irgendwo in einem Krankenbett liegen würde, musste ich Rosi informieren, dass sie nicht wie sonst mit mir planen konnte. Aber sie blieb die einzige Person, die wusste, dass es sich womöglich um meinen letzten Aktionstag handeln könnte.

Kurz darauf fuhr ich mit Petra auf Rügen. Es waren schöne und trotz allem unbeschwerte Tage, die wir gemeinsam dort verbrachten. Wir gingen viel spazieren, setzten uns an den Strand, guckten der Sonne beim Untergehen zu oder machten Ausflüge über die ganze Insel. Abends tranken wir ein Gläschen Wein und plauderten über die alten Zeiten. Ich schaffte es sogar, meine negativen Gedanken beinahe zu vergessen. Am letzten Urlaubstag standen wir hoch oben auf dem Leuchtturm von Kap Arkona. Vor mir lag das Meer, der Himmel war klar, und ganz hinten konnte man die Südspitze Dänemarks erkennen. Wenn es einen perfekten Moment gab, dann war's dieser.

»Petra, ich muss dir was erzählen. Ich hab' Krebs«, sagte ich. »Es ist ziemlich schlimm, und ich komm' gleich unters Messer, wenn wir wieder daheim sind.«

Sie schaute mich fassungslos mit großen Augen an und fing an zu weinen. Als sie sich nach ein paar Minuten wieder beruhigt hatte, wechselte sie sofort in den Beratungsmodus. Sie gab mir Tipps, welches Krankenhaus ihrer Meinung nach für die Behandlung am besten geeignet war, und versprach mir, sich umgehend über Ärzte und Therapiemöglichkeiten zu informieren. Ich war gerührt über so viel Fürsorge und heulte nun auch. Am nächsten Tag fuhren wir nach Hause, und während der stundenlangen Fahrt hatten wir beide einen Kloß im Hals. Mir schossen unzählige Gedanken durch den Kopf, und einer davon trieb mich wirklich um. »Wenn deine Nummer gezogen wird, dann biste weg. Da kannste gez nix mehr gegen unternehmen«, hatte mein Vater zu mir gesagt, als er noch verhältnismäßig klar im Kopf gewesen war. Womöglich war ja meine Nummer auch schon dran!

Wenig später schlug ich im Gladbecker Hospital auf. Ich hatte mich nach kurzer Bedenkzeit für dieses Krankenhaus entschieden, weil es sehr viel kleiner war als die Mega-Klinik, in der ich die erste, so frustrierende Voruntersuchung machen ließ – und auch, weil es gerade bei Krebserkrankungen einen sehr guten Ruf im ganzen Ruhrgebiet hatte. Dort betrachteten die Ärzte meine Heilungschancen nicht ganz so negativ wie der pessimistische Kollege in Gelsenkirchen. Nur konnten sie es kaum glauben, dass mein Tumor angesichts seiner stattlichen Ausmaße zuvor keinerlei Schmerzen verursacht hatte. Ich und mein Krebs schienen so etwas wie eine kleine medizinische Sensation zu sein, denn ein Doktor nach dem anderen schaute sich neugierig bei mir um.

»Sind Sie sicher, dass Sie nichts gespürt haben?«, fragte der erste.

»Also, Sie müssen doch irgendetwas gemerkt haben!«, sagte der zweite.

»Und es hat Ihnen wirklich nie etwas wehgetan?«, wollte der dritte von mir wissen.

Da platzte mir die Hutschnur.

»Hören Sie mal«, blaffte ich zurück. »Ich hab' nur bemerkt, dass ich immer fetter wurde, das war alles! Sonst wäre ich ja wohl schon viel früher zu Ihnen gekommen. Und nun möchte ich gerne operiert werden, wenn's recht ist!«

Danach fragte keiner mehr, wie sich mein bösartiger Ballon denn anfühle.

Der Eingriff am folgenden Tag dauerte acht Stunden. Natürlich konnte ich mich nach dem Aufwachen aus der Narkose an nichts erinnern, und auch die zwei Tage danach, die ich noch auf der Intensivstation verbringen musste, gingen wie ein Film an mir vorüber. Ich wurde erst wieder klar im Kopp, als ich zurück im normalen Zimmer war und dort auf eine Krankenschwester traf, die mich auf eine wenig zimperliche Art und Weise unter ihre Fittiche nahm. Schwester Rabiata, wie ich sie nannte, wollte mich überaus grob nötigen, mich von ihr waschen zu lassen. Aber wenn ich etwas nicht leiden konnte, dann war es, auf die Hilfe anderer Menschen angewiesen zu sein. Bis jetzt hatte ich das auch immer hinbekommen, selbst in der größten wirtschaftlichen Not. Und deshalb wollte ich es auch dieses Mal alleine schaffen, selbst wenn es nur um die Intimreinigung ging und darum, ohne Begleitschutz zum Pullern zu gehen.

Als ich mich aus der Nasszelle mitsamt meiner zahlreichen Schläuche und Infusionen zurück zum Bett geschleppt hatte, verspürte ich den Drang, eine zu qualmen. Mir war klar, dass dieser Wunsch auf Unverständnis stoßen würde. Andererseits war er für mich ein Zeichen, dass es langsam wieder aufwärtsging. Also fragte ich Schwester Rabiata, ob es in Ordnung wäre, wenn ich mich in Richtung Raucherterrasse verabschiedete.

»Machen Sie, was Sie wollen« sagte sie. »Aber glauben Sie bloß nicht, dass wir die Zeit haben, Sie nach oben zu bringen!«

Das war genau das, was ich hören wollte. In meine What'sApp-Gruppe, die ich für meine Töchter und

Bernie angelegt hatte, tippte ich meine erste Nachricht nach der Krebs-OP.

»Ich darf rauchen! Mutti hat Schmacht!«

So bescheuert mein Anliegen in diesem Augenblick auch war, so sehr konnte ich mich auf meine Lieben verlassen, die mich und meine manchmal eigensinnigen Bedürfnisse nun auch schon sehr lange aushielten: Innerhalb von vierzehneinhalb Minuten war Nadine am Start und bugsierte mich mitsamt meiner an mich angeschlossenen Beutelchen auf die Terrasse, auf der sich der Raucherpavillon befand. Wenige Minuten später traf auch Sabrina ein und kurz darauf mein Ehemann.

»Guck dich dat an! Gez sitzt die da mit 'ner Zigarette!«, schimpfte er – und fiel mir gleichzeitig um den Hals. Er wusste, dass ich nun das Schlimmste überstanden hatte. Und er war andererseits stinksauer, dass ich so unvernünftig war.

In den folgenden Tagen holte ich mir nach und nach mein Leben zurück. Auf der Station übte ich das Laufen, ich bekam jede Menge Besuch, und oben im Pavillon schloss ich einige Bekanntschaften, die ich nie wieder vergessen werde, solange ich noch lebe: Während manch einer meiner Besucher anfangs nicht recht wusste, wie er mit der Situation umgehen sollte und schon mit einer Leichenbittermiene mein Zimmer betrat, halfen mir die anderen Krebspatienten, mein Schicksal anzunehmen. Zusammen entwickelten wir einen eigenartigen Galgenhumor, den ein Gesunder wohl niemals verstanden hätte: Anstatt mit Namen, redeten wir uns mit unseren Krankheiten an. Und so traf ich mich Abend für Abend mit Mister Gehirntumor, Herrn Hodenkrebs oder Frau Lymphknoten und redete mir meine Ängste von der Seele. Wie saßen eben alle im selben Boot – und straften dabei jede Statistik Lügen: So hätte der freundliche Mann mit seinem unheilbaren Bauchspeicheldrüsenkrebs demnach bereits seit fünf Jahren unter der Erde liegen müssen, doch er saß mir guter Dinge gegenüber. Solche Erlebnisse waren die beste Therapie für mich, sodass irgendwann der Moment kam, an dem ich begriff, dass alles immer noch anders kommen konnte, wenn man nur daran glaubte. Und das tat ich.

Ich musste zehn Tage im Krankenhaus bleiben. Mit jedem neuen Tag wurde es ein kleines Stückchen besser. Ich versuchte, diese Krankheit nicht mehr als etwas Böses zu betrachten, was ausgerechnet mir armer Sau widerfuhr. Das konnte ich alleine schon deshalb nicht bringen, weil ich so viel Zuneigung jener Menschen spürte, die mir wirklich wichtig waren: Meine beiden Mädels und mein Mann kümmerten sich ebenso rührend um mich wie unsere Nachbarn zu Hause. Bernies Sohn räumte sein altes Zimmer, damit ich einen Rückzugsort bekam, der darüber hinaus auch keine schimmeligen Wände hatte wie der Raum im Erdgeschoss, zu dem unsere jahrelange Renovierungswut noch nicht vorgedrungen war und in dem ich mich sonst aufhielt, wenn ich meine Ruhe haben wollte. Die Mädels aus meinem Moped-Klub übernahmen für mich die Gartenarbeiten. Und immer wieder meldeten sich Kollegen aus der IG BAU oder Leute wie Herr Mühlenbrock und erkundigten sich nach mir.

Drei Wochen später stand der Beginn der Chemotherapie an, die in sechs Zyklen ablaufen sollte. Aller berechtigten Hoffnung zum Trotz hatte ich davor ziemlich Bammel! Die Behandlung fand in Horst statt, nur ein paar Kilometer von unserem Haus entfernt – und doch fühlte ich mich hier vollkommen fremd, was vor allem an der wenig einladenden Atmosphäre lag: ein schmuckloses Dreibettzimmer mit einem Klo für alle und eine Sammeldusche am Gang. Aber so ist das nun mal, wenn man als Kassenpatient schwer krank wird, da wollte ich mich nicht beschweren – zumal meinem Vater seine tolle Privatversicherung unterm Strich auch nicht viel genutzt hatte.

Als mir vor der ersten Ladung die gesamte Station erklärt wurde, sah ich bereits überall auf den Fluren die Ständer, an denen die Infusionsflaschen voller Chemie hingen, die den Krebszellen im besten Fall den Garaus machen sollten. Der Anblick war beklemmend, aber ich hatte für mich beschlossen, weitergehende Einzelheiten über Art und Wirkung dieser Therapie nicht wissen zu wollen. Auch wenn mir liebe Menschen wie Bernies Tochter, die ihrerseits in einem Krankenhaus arbeitete und sich auf diesem Feld gut auskannte, nur helfen wollten – diese Vogel-Strauß-Taktik war die einzige Möglichkeit, damit ich nicht vollkommen durchdrehte.

Morgens um 7 Uhr ging's los. Bis das Zeug vollständig in meinen Körper geflossen war, sollte es sechs Stunden dauern. Während ich wartete, redete ich mir ein, dass es sich gar nicht um eine Chemotherapie handelte – mit lauter Wirkstoffen, von denen ich eh nix verstand. Sondern, dass da gerade eine Art »Meister Proper« durch meine Adern floss, der alles in mir drin reinigte – und zwar so gründlich und rückstandslos, wie ich das während meiner Arbeit ebenfalls immer gehandhabt hatte. Und anscheinend half mir diese Einstellung: Ich spürte vom ersten Mal an praktisch keine der furchtbaren Begleiterscheinungen, vor denen ich so große Panik hatte! Das Kortison, das ich zusätzlich einnehmen musste, kratzte mich zwar gehörig auf und machte mich sogar ein bisschen aggressiv. Ansonsten aber war erstaunlicherweise alles im grünen Bereich. Ich musste nicht einmal spucken.

Ganz ohne Nebenwirkungen ging es natürlich auch bei mir nicht über die Bühne. Auch mir fielen die Körperhaare aus, meine Arme und Beine kribbelten wie Hölle, und im Mund machte sich ein ständiger, ekelhafter Eisengeschmack breit. Aber das alles ließ sich ganz gut bewerkstelligen. Und ich entdeckte, dass sich mein alter Kampfgeist auch durch eine Chemo nicht vertreiben ließ: Während meines Aufenthalts, der stets nach der Infusion über Nacht andauerte, bekam ich mit, wie das Gladbecker Pflegepersonal einen einstündigen Bummelstreik ansetzte, um für bessere Arbeitsbedingungen zu demonstrieren. Es war die Zeit, als bundesweit immer wieder Pflegekräfte in den Ausstand traten – trotz des enormen Gegenwinds, dem dieser Arbeitskampf in der Öffentlichkeit ausgesetzt war. Ich hatte damit fachlich zwar rein gar nichts zu tun, ließ mir aber von zu Hause meine IG-BAU-Weste mitbringen, streifte mir das Teil aus Solidarität über den Bademantel und schlurfte mit dem Tropfer an der Hand im Schneckentempo mit. Danach hatte ich einen Stein im Brett bei den Schwestern, deren Anliegen ich voll und ganz begründet fand, nachdem ich in den letzten Jahren viel zu viel Zeit in Krankenhäusern verbracht hatte. Ich begriff nur zu gut, warum dieser Beruf mit seinen rund 2500 Euro Durchschnittsgehalt im Monat und oftmals bis zu 20 unbezahlten Überstunden pro Woche einen drastischen Nachwuchsmangel zu verzeichnen hatte, zumal man etwa in Skandinavien bei deutlich weniger Stress locker 1000 Euro mehr verdienen konnte – was immer mehr Pflegeangestellte dazu bewog, in Richtung Norden auszuwandern.

Nach insgesamt 18 Wochen, es war inzwischen grauer Spätherbst geworden, waren alle sechs Zyklen meiner Chemo überstanden. Die Zeit dazwischen hatte ich – soweit es ging – erneut mit Renovierungsarbeiten an unserem Reihenhaus verbracht und mir dabei ein kleines, aber feines Refugium nur für mich erbaut, in dem ich mich nach der Therapie weiterhin erholen konnte. Bernie, Nadine und Sabrina schüttelten zwar den Kopf über so viel Aktionismus und hielten mich wahrscheinlich für total bekloppt. Aber sie trauten sich nicht, mir zu widersprechen. Als die letzte Ladung »Meister Proper« in meine Adern geflossen war und mich der Krankenpfleger von der leeren Flasche abgestöpselt hatte, spürte ich ein ungeheures Glücksgefühl. Im Anschluss daran erkundigte sich zum ersten Mal ein Arzt nach meinem Befinden.

»Wie sieht's denn mit mir aus, Herr Doktor?«, stellte ich ihm eine Gegenfrage.

»Im Großen und Ganzen recht gut«, antwortete er und holte tief Luft. »Aber ...«

»Dat lassen Se ruhig stecken«, sagte ich. »Den anderen Firlefanz will ich gar nicht wissen!«

Er nickte, lächelte – und wir unterhielten uns noch eine Stunde über alles Mögliche, nur nicht über den Krebs im Allgemeinen und meine Krankheit im Besonderen. Anschließend packte ich meine Siebensachen zusammen, stieg in den Fahrstuhl und war stolz auf mich, diesen Scheiß ohne großes Gejammer überstanden zu haben. In diesem Moment ahnte ich nicht, was sich derweil draußen zusammengebraut hatte.

Während ich gegen den Krebs in meinem Körper kämpfte, hatten eine Handvoll Leute versucht, meine Krankheit auszunutzen und mich aus verschiedenen Ämtern zu drängen. Ich wollte es lange nicht wahrhaben, aber in Betrieben und Gewerkschaften ist es eben auch nicht anders als in der großen Politik: Überall dort, wo es ein bisschen Macht und Einfluss zu verteilen gibt, machen sich leider auch solche armseligen Exemplare der Gattung Mensch breit, die nicht für die gemeinschaftliche Sache kämpfen, sondern ausschließlich für sich. Diese Erkenntnis tat vielleicht stärker weh als jede Nadel, die in meine Venen gestochen worden war, und sie hinterließ mehr Spuren als jede Narbe, die nach der Operation zurückgeblieben war. Aber dafür spürte ich die Solidarität an anderer Stelle doppelt und dreifach, und das sollte mir doch den nötigen Aufwind geben, um wieder vollständig gesund zu werden, hoffte ich zumindest.

Dennoch ging es mir von jetzt auf gleich deutlich schlechter: Anfang Dezember wurde ich immer schwächer. Ich musste mich ständig übergeben und konnte mich in einer Nacht nicht einmal mehr von meinem neuen Zimmer, in dem ich vorübergehend alleine schlief, in die Küche hinunterschleppen. Mit letzter Kraft zog ich mir einen Bademantel über und weckte Bernie. Wir fuhren erneut ins Horster Krankenhaus, wo man mich natürlich noch gut kannte. Nach den ersten Untersuchungen und dem üblichen Ultraschall klebte man mir ein Kennungsbändchen an den Arm, wie es nur diejenigen Patienten tragen, die länger in der Klinik bleiben müssen.

»Ich kann nicht hierbleiben«, erklärte ich dem Arzt, der mich gerade in Augenschein genommen hatte. »Ich hab' morgen einen wichtigen Termin.«

»Stimmt, Frau Neumann«, antwortete er. »Sie haben einen Termin. Aber leider einen ganz anderen als den, den Sie ausgemacht haben!«

Er klärte mich darüber auf, dass ich einen Darmverschluss bekommen hätte und bereits am nächsten Morgen operiert werden müsste. Ich bekam eine Magensonde gelegt und wurde ohne weitere Behandlung in ein freies Bett verfrachtet. Danach ging das Licht aus. Ich lag da, wusste nicht, wo oben und unten war, und zitterte am ganzen Leib – so heftig, dass ich nicht einmal dazu in der Lage war, mein Handy zu entsperren und eine SMS an Bernie oder meine Töchter zu schreiben. Und genau in diesem Zustand wurde ich die ganze Nacht liegengelassen. Morgens um 5 Uhr brachte mir ein Pfleger zwar eine Wolldecke, aber das Zittern hörte deshalb nicht auf. Ich hatte tierische Angst und fühlte mich entsetzlich. Und ich musste wieder an meine Krankenschwestern

aus Gladbeck denken, mit denen ich für bessere Arbeitsbedingungen demonstriert hatte: In Sachen Pflegenot-
stand war die Kacke tatsächlich am Dampfen – bundesweit waren ein paar hunderttausend Stellen unbesetzt;
diese Berufsgruppe besaß das höchste Risiko überhaupt,
eines Tages berufsunfähig zu werden; ein Drittel aller
Pflegekräfte erreichte wegen körperlicher und geistiger
Überlastung das Rentenalter nicht. All das spürte ich gerade am eigenen Leib!

Irgendwann war aber auch die wohl schlimmste Nacht
meines Lebens vorüber, und ich wurde in den Operations-
saal geschoben. Der Doktor, der den Eingriff vornehmen
sollte, versuchte noch, mir zu erläutern, was er gleich alles mit meinem Bauch anstellen würde. Aber ich wollte
das gar nicht wissen und hörte ihm nicht zu. Als ich ein
paar Stunden später aufwachte, war ich schmerzfrei!
Wie man mir mitteilte, war es die Narbe meiner vorherigen OP, die durch eine dusselige Wucherung meinem
Darm zugesetzt hatte. Ansonsten aber schien alles in
Ordnung zu sein. Offenbar war ich nochmal mit einem
blauen Auge – oder besser gesagt einem kleinen Schnitt
in der Bauchdecke – davongekommen!

»Wenn man mich sucht, ich geh' mir mal eine rauchen«, sagte ich zur Schwester.

Ich schaffte es ohne Schwierigkeiten nach draußen
und wieder zurück. Auch der Gang auf die Toilette ver-
ursachte keine Probleme. Erst abends, so gegen neun,

kamen die Schmerzen, die aber schnell immer heftiger wurden. Ich drückte den Notknopf und bat die Nachtschwester um ein Medikament, aber danach kam sie nicht mehr und sonst auch niemand. Ich konnte kaum atmen, meine Beine liefen voller Wasser und wurden immer dicker. In meiner Hilflosigkeit rief ich Bernie an, der sofort ins Klinikum raste. Er verständigte einen Arzt, der mich endlich untersuchte und mir mein Korsett, dass ich seit dem Eingriff am Morgen getragen hatte, aufschnitt.

Erst in diesem Moment begriff ich, was die Ärzte da eigentlich gemacht hatten: Ich blickte auf eine fast 40 Zentimeter lange Narbe. Von wegen »kleiner Schnitt« – die hatten mir doch wieder den gesamten Bauch aufgeschnitten! Kein Wunder, dass ich derartige Schmerzen hatte. Später wurde es etwas besser, meine Beine wurden wieder dünner und ich bekam wieder Luft. Aber mein Optimismus war verflogen: Nach der letzten Chemo im November war ich mir sicher, dass es von da an aufwärtsgehen würde. Und nun bekam ich so eine vor den Koffer geschissen. Das war heftig! Und wieder mal bewahrheitete sich das, was ich schon so oft leidvoll feststellen musste: Im Leben von Putzfrau Susi Neumann geht rein gar nix ohne zusätzliche Erschwernisse vonstatten.

Nach der letzten Chemo-Behandlung hatte mir die Krebshilfe dringend zu einer Kur geraten. Ich wollte zwar nicht von zu Hause weg, ließ mich aber dann doch überzeugen, dass diese Maßnahme in meiner Situation sinnvoll und notwendig sei. Wegen der vielen schönen Erinnerungen an die Reisen mit Petra wollte ich unbedingt zurück an die Ostsee – auch, weil ich beim letzten Mal vor einigen Monaten ja schon fast davon ausgegangen war, dass ich diesen schönen Flecken Erde nie mehr wiedersehen würde! Nach einigem Hin und Her bekam ich schließlich einen Platz in einer Klinik in der Nähe des Meeres, die zu einem großen Krankenhauskonzern gehörte. Ich fuhr selbst mit dem Auto dorthin und war mir sicher, dass mich der Aufenthalt endlich wieder auf die Füße stellen würde. Ich hatte nun lange genug Kräfte gelassen. Es war allerhöchste Zeit, die Akkus wieder aufzuladen.

Schon der Empfang verlief jedoch äußerst seltsam: Nachdem ich mich an der Rezeption vorgestellt hatte, sah ich keinerlei Bereitschaft, mir mit meinem Gepäck zu helfen. Ich, die gegenwärtig kaum eine Treppe steigen konnte, musste meine Koffer selbst nach oben in mein Zimmer wuchten. Das geht ja schon mal gut los, dachte ich. Am selben Tag stand bereits die Aufnahmeuntersuchung an, damit der zuständige Arzt meinen individuellen Therapieplan erstellen konnte. Nach der Sprechstunde übergab er mir eine Briefkastennummer und erklärte mir, dass ich mehrmals täglich in mein Postfach gucken sollte, um mir die jeweiligen Behandlungen abzuholen. Als alles vorbei war, saß ich auf dem Bett, guckte aus dem Fenster – und hoffte so sehr, dass man mir hier helfen würde, wieder die Alte zu werden. Doch ich täuschte mich!

Nachdem ich meinen ersten Tagesablauf aus dem Briefkasten gefischt hatte, fiel ich fast rückwärts um: Punkt 8 Uhr sollte ich in der Turnhalle für eine halbe Stunde aufs Laufband, um 10.30 Uhr war Außengymnastik auf dem Klinikgelände anberaumt, um 11 Uhr musste ich zum Schwimmtraining erscheinen, dann gab's einen ersten Fachvortrag des Chefarztes, nach dem Mittagessen stand Beckenbodengymnastik auf dem Programm, anschließend zwei weitere Vorträge und am Abend schließlich noch freiwilliges Schwimmen. Ich war mir sicher, dass derjenige, der diesen Plan erstellt hatte, mich mit einer anderen Patientin verwechselt hatte. Ein solches Pensum konnte unmöglich für jemanden vorgesehen sein, der erst kürzlich eine schwere Chemotherapie hinter sich gebracht hatte. Ich musste dringend nochmal mit dem Doktor sprechen, damit er mir den richtigen Plan übergab.

Da ein weiterer Arzttermin erst am folgenden Nachmittag möglich war, versuchte ich, die ersten Programmpunkte wahrzunehmen – schon allein, um meinen guten Willen zu zeigen. Aber bereits auf dem Weg zur Außengymnastik kippte ich auf halber Strecke vor Entkräftung fast um.

»Was soll das denn jetzt?«, herrschte mich die Therapeutin an. »Wir sind noch nicht mal angekommen. Reißen Sie sich mal zusammen!«

»Aber ich kann nicht mehr«, keuchte ich und setzte mich auf den Boden.

»Na, Sie sind gut«, bekam ich zu hören. »Wie soll ich Sie denn von hier wegbekommen?«

Zum Glück erkannten zwei meiner Mitpatientinnen, dass ich nicht simulierte. Sie hakten mich unter und brachten mich mit vereinten Kräften zurück zum Klinikgebäude. Oben auf dem Zimmer heulte ich wie ein Schlosshund. Zum einen, weil ich erkannte, zu welchem Häuflein Elend mich diese beschissene Krankheit gemacht hatte. Und zum anderen aus Wut über die Ignoranz dieser arroganten Therapietante. Kurz darauf fing ich mich wieder und setzte mich in den anberaumten Vortrag, in dem uns der Professor erklärte, dass alle Maßnahmen freiwilliger Natur seien. Wer etwas nicht schaffe, der solle dies lediglich anmelden und stattdessen in Ruhe spazieren gehen. Das hörte sich doch gleich etwas freundlicher an.

Als ich danach beim für mich zuständigen Arzt saß und ihm erläuterte, dass acht Stunden Sport am Tag für mich und meine Genesung ein bisschen zu viel Belastung seien, erhielt ich jedoch gleich die nächste Standpauke.

»Zum Rauchen können Sie doch auch gehen«, entgegnete der Doktor und sah mich kühl an. Tatsächlich hatte ich mir am Vortag eine Zigarette im Raucherhaus angesteckt, das ein paar hundert Meter vom Hauptbau entfernt im Park lag.

»Aber der Herr Professor hat gesagt, dass wir das, was wir nicht schaffen, auch nicht mitmachen müssen«, wehrte ich mich.

»Wer hier was schaffen muss, überlassen Sie ruhig mir«, antwortete der Arzt und entließ mich wieder.

Trotzdem versprach ich mir von diesem Gespräch, dass ich am folgenden Tag einen einfacheren Therapieplan in meinem Fach vorfinden würde. Immerhin hatte ich meine Meinung offen und ehrlich mitgeteilt. Und nur um mich ging es hier doch eigentlich auch. Doch weit gefehlt – als ich den neuen Plan dann durchlas, fand ich darauf nicht sechs Sporteinheiten wie bisher. Sondern acht. Ich ging zurück auf mein Zimmer und bekam einen regelrechten Nervenzusammenbruch. Ich konnte mich nicht mehr beruhigen, heulte Rotz und Wasser und sah überhaupt kein Licht mehr am Ende des Tunnels. Zeit meines Lebens war ich eine durch und durch disziplinierte Person gewesen, die alle ihr übertragenen Aufgaben klaglos hinnahm. Aber nun war ich der Willkür einer Klinik ausgeliefert, deren Betreiber anscheinend nicht das Wohl der Patienten, sondern nur den größtmöglichen Gewinn im Auge hatten. Und der lag jährlich bei mehreren hundert Millionen Euro, die offensichtlich auch und gerade dadurch zustande kamen, indem man möglichst viele Patienten möglichst früh in möglichst zahlreiche Maßnahmen steckte, um diese entsprechend lukrativ mit den Kassen abrechnen zu können. Was spielte es da schon für eine Rolle, was die Betroffenen selbst dazu zu sagen hatten?

Am Telefon klagte ich Bernie meinen Kummer. Er bekam Mitleid mit mir und versprach, sich schnell um die Angelegenheit zu kümmern. Danach rief er den Professor an, der in seinem Eröffnungsvortrag im Gegensatz zu seinen Angestellten einen halbwegs vernünftigen Eindruck hinterlassen hatte, und klärte mit ihm ab, dass ich die Klinik auf ärztlichen Rat wieder verlassen durfte. Das war immens wichtig, weil ich andernfalls privat auf allen Kosten sitzengeblieben wäre. Ein paar tausend Euro für eine Reha zu zahlen, die mich vollkommen überforderte und keinen Zentimeter weiterbrachte, wäre dann aber doch des Schlechten zu viel gewesen. Ich packte meine Sachen zusammen, schleppte die Koffer zum Auto und war so erschöpft, dass ich erstmal eine halbe Stunde im Wagen saß und nicht in der Lage war, loszufahren. Danach ging es wieder. Ich drehte das Radio auf, ließ die Klinik hinter mir, und fünf Stunden später war ich wieder zu Hause.

In den folgenden Monaten ging es schrittweise voran. Langsam spürte ich, dass alltägliche Dinge wieder funktionierten, die so lange Zeit nicht geklappt hatten. Ich konnte wieder Treppen steigen oder ein paar leichte Gartenarbeiten machen. Mir wuchsen wieder Haare und Augenbrauen. Die Farbe kehrte in mein Gesicht zurück. Und ich lernte sogar wieder zu lachen. Das war doch nach langer Zeit endlich mal wieder etwas, worauf ich aufbauen konnte.

5.

»Du gewöhnst dir ab, Wünsche zu haben« – Mein Fazit nach fast vier Jahrzehnten im Niedriglohnsektor

Eine der Folgen meiner Krankheit war, dass ich nicht mehr arbeiten konnte. Damit hatte ich mich während der Behandlung überhaupt nicht näher befasst. Vielleicht wollte ich es einfach nicht wahrhaben, vielleicht glaubte ich auch an ein Wunder. Aber ich war mir tief in meinem Inneren wirklich sicher, dass ich irgendwann insoweit wiederhergestellt sein würde, um meinen Kittel überziehen und meine Utensilien zusammenpacken zu können – und das zu tun, was ich schon seit so vielen Jahren getan hatte: putzen! Der Job gehörte nun mal untrennbar zu meinem Leben dazu, und ein Leben ohne Job war kein richtiges Leben, fand ich jedenfalls.

Ich hoffte immer wieder aufs Neue, dass sich alles doch zum Guten wenden würde und ich mich wie gewohnt mit meinen Chefs bei »Hechtling« herumärgern und mit meinen Mädels Spaß haben konnte. Doch es ging einfach nicht mehr! Ich war nicht mehr dazu in der Lage, den körperlichen Belastungen meines Berufes standzuhalten. Das, was ich zu meinem großen Leidwesen spätestens nach der zweiten Operation immer deutlicher spürte, besaß ich nun auch schriftlich: Ich wurde als zu 80 Prozent schwerbehindert eingestuft, »GdB 80«, wie es im Amtsjargon hieß. Das war happig. Ich hatte nun zwar einen Anspruch auf einen kleinen Ausweis, mit dem ich mein Auto auf einem gesonderten Stellplatz abstellen durfte und auch auf ein paar steuerliche Vergünstigungen und andere Kinkerlitzchen wie etwa kostenlose Fahrscheine beim Verkehrsverbund Rhein-Ruhr. Aber das glich natürlich bei weitem nicht aus, wie sehr mich diese Einstufung psychisch mitnahm.

Auch die finanziellen Einbußen durch das Krankengeld, das man in Deutschland wegen ein und derselben Erkrankung übrigens maximal 78 Wochen lang ausbezahlt bekommt, waren schmerzhaft: Die Berechnung war – wie alles in dieser Hinsicht – furchtbar kompliziert und für einen normalen Arbeitnehmer wie mich kaum zu durchschauen. Unter dem Strich aber blieben mir knapp 80 Prozent meines letzten Nettolohnes von rund 1100 Euro übrig. Von diesem ohnehin geringeren Entgelt musste ich außerdem immer wieder Zuzahlungen zu dringend erforderlichen Medikamenten leisten oder andere medizinisch notwendige Maßnahmen bezahlen, die vom Leistungskatalog meiner Krankenkasse nicht abgedeckt waren: Allein in den 14 Tagen nach meiner ersten OP musste ich 160 Euro selbst berappen. Das mag für manche Menschen kein Problem sein, aber wenn ein Mensch von einem solchen Einkommen alleine leben muss, dann bleibt ihm am Monatsende dadurch fast nix mehr.

Weitaus schlimmer aber war für mich, dass ich mich erstmals in meinem Leben abhängig fühlte. Ich musste, nachdem das Krankengeld ausgelaufen war, schweren Herzens meinen Rentenantrag stellen und mich, nachdem sich die Entscheidung hierüber elend lange hinzog, schließlich bei der Arbeitsagentur melden. Ich, die 36 Jahre lang Monat für Monat brav in die Arbeitslosenversicherung eingezahlt hatte, politisch einigermaßen informiert war und sich für einen selbstbewussten Menschen hielt, ging durch die Eingangstür des Gelsenkirchener Jobcenters – und war mindestens zehn Zentimeter kleiner, als ich im Gebäude drinstand. Ich wusste, dass ich einen Anspruch auf diese Leistung besaß, dass es eine unverschuldete Krankheit war, die verhinderte, dass ich weitermalochte, und dass ich mich nicht zu schämen brauchte. Und doch fühlte ich mich plötzlich wie ein armseliger, kleiner Bittsteller.

Viele Jahre hatte ich immer wieder Menschen in solchen Situationen beraten, hatte versucht, sie darauf vorzubereiten und ihnen Mut gemacht. Nun hätte ich selbst jemanden gebraucht, der mir sagte, dass ich kein Mensch zweiter Klasse sei, nur weil der verfluchte Krebs es verhinderte, wie geplant bis zum meinem 65. Lebensjahr weiterzuarbeiten. Aber ich saß vor dem Sachbearbeiter wie ein kleines Mädchen vor der Klassenlehrerin, nachdem sie ihre Hausaufgaben nicht gemacht hatte. Das fühlte sich richtig scheiße an! Bis zum Bewilligungsbescheid meiner Rente würde ich von nun an Arbeitslosengeld beziehen – verbunden mit der Ungewissheit, wie das Sozialgericht schlussendlich entscheiden würde: Die Richter dort konnten mir die Bezüge natürlich auch zusammenstreichen und mich stattdessen bis zum gesetzlichen Renteneintrittsalter für vier Stunden pro Tag in eine Pforte bei Glückauf Beukenberg oder im Rathaus stecken, wenn sie denn wollten. Und Klagen gegen solche Bescheide dauerten oft zwei, drei Jahre.

Es war schon verrückt: Die soziale Ungerechtigkeit, gegen die ich immer leidenschaftlich angekämpft hatte, traf nun auch mich mit voller Härte. Wie sehr hatte ich immer meine Jungs vom Bau bedauert, die mit 56 Jahren vollkommen kaputte Knochen hatten, von der ARGE umgeschult wurden oder stempeln gingen, bis manche von ihnen eines Tages zu Hartz-IV-Empfängern wurden. Und wie viele Mädels bei »Hechtling« und anderen Gebäudereinigungsfirmen hatten sich während der jahrelangen Schinderei die Knie oder die Schultern ruiniert und steuerten geradewegs auf die Altersarmut zu – weil selbst das bisschen, das sich diese Leute im Leben aufge-

206

baut hatten, auf einmal auf das Einkommen angerechnet wurde. Mir konnte das im Prinzip genauso gehen: Ich hatte für mein Alter gespart und ein Haus gekauft, und ein Auto besaß ich obendrein noch. Sollte ich wirklich in zwei Jahren ALG II beziehen müssen, weil das mit der Rente nicht klappte, wäre zuerst das Auto weg. Dann das Spargeld. Und irgendwann vielleicht sogar unsere Bude. Wie sollte man da keine Albträume bekommen?

Doch auch die Rente, die mich nun erwartet, nachdem sie eines Tages tatsächlich – zumindest befristet auf zwei Jahre – bewilligt wurde, gab wirtschaftlich gesehen keinerlei Anlass zur Entwarnung: Bernies und meine finanzielle Planung damals beim Hauskauf beruhte auf unseren beiden normalen Einkommen, die wir bis zum 65. Lebensjahr bekommen sollten. Dann wäre unsere letzte Hypothek fällig. Jetzt aber hatte ich es schwarz auf weiß: Nach dreieinhalb Jahrzehnten vorwiegend in Steuerklasse V stehen mir exakt 814 Euro brutto zu, abzüglich Krankenkasse und Steuern versteht sich. Da bleiben vielleicht 550 Euro und ein paar Zerquetschte über. Es klaffte also eine nicht wegdiskutierbare Lücke zwischen unserem ursprünglichen Vorhaben und der grauen Wirklichkeit. Und notfalls verkaufen ließ sich das Haus auch nicht einfach: Wir lebten nun mal nicht in München, Hamburg oder Düsseldorf, wo die Immobilienpreise explodiert sind und man sein Eigenheim mit fettem Gewinn verschachern konnte. Unsere bescheidene Bleibe stand dummerweise in Gelsenkirchen-Horst. Hier bei uns im Pott fiel die Wertsteigerung nicht nur geringer aus als anderswo – es gab sie schlichtweg nicht. Studien zufolge sind die Werte in dieser Region in den letzten Jahren sogar um rund 20 Prozent gesunken. Wenn das nicht alles in allem ein ziemlicher Bockmist war, was dann?

Dabei ging's mir im Vergleich sogar noch gut. Ein großer Teil der Bevölkerung hat einfach nicht vom Aufschwung und dem Stellen-Boom profitiert, von dem man überall lesen konnte: 15,7 Prozent der Menschen in Deutschland sind von monetärer Armut bedroht, so viele wie nie zuvor seit der Wiedervereinigung, hat das Statistische Bundesamt neulich erst ausgerechnet. Und »arm« ist bei uns demnach, wer über weniger als 60 Prozent des mittleren Einkommens in Deutschland verfügt, das bei etwas über 900 Euro netto für Singles und rund 1900 Euro bei einer vierköpfigen Familie liegt. Natürlich betrifft dieses Risiko vorwiegend arbeitslose Menschen. Aber eben auch immer mehr Leute, die noch erwerbstätig sind oder ihr Leben lang gearbeitet haben, rutschen in eine Spirale, aus der man einfach nicht mehr herauskommt. Wer erstmal in einer unteren Einkommensschicht drinsteckt, bekommt beinahe ganz automatisch nur noch Zugang zu Minijobs und Teilzeitarbeit und erhält oft genug nicht einmal die ihm zustehenden Urlaubstage oder Krankheitszeiten ausbezahlt. Kein Wunder, dass die klassische Mittelschicht seit dem Ende der Neunziger immer kleiner geworden ist.

Ich kenne genug Beispiele, die das, was die Statistiker da so nüchtern auf dem Papier ausgerechnet haben, auf recht traurige Weise im wahren Leben bestätigen: Mir kommt immer wieder Frau Kowalski in den Sinn, eine stille, ältere Dame, die bereits weit über 70 war und sich bei »Hechtling« ein Zubrot zu ihrer Mini-Rente dazuverdiente, indem sie in einer Fabrik die Kantine putzte. Das aber war eine richtige Scheißarbeit: Der Speisesaal war riesengroß, Frau Kowalski musste jeden Tag Stühle und Tische verräumen, und überall lagen Essensreste herum, die sich nicht mal eben mit dem Lappen wegwischen ließen. Als im selben Werk eine andere Stelle auf der Büroetage frei wurde, wollte ich ihr einen Gefallen tun und Frau Kowalski den freien Posten verschaffen. Sie hätte dann nur noch ein bisschen staubsaugen müssen. Doch sie wollte das gar nicht!

»Bitte lass' mich einfach da, wo ich gez bin«, flehte sie und guckte mich mit großen, leeren Augen an. Ich verstand jedoch nicht ganz, wo genau das Problem war, und hakte nach.

»Warum dat denn?«, fragte ich. »Dat da oben is' viel leichter für dich. In der Kantine gehste uns noch kaputt!«

»Susi, du musst mir versprechen, niemandem davon

zu erzählen«, sagte sie, und ich gab ihr mein Wort, dass ich dichthalte.

»Du weißt doch, dass wir sofort rausfliegen, wenn wir irgendwas von hier mit nach Hause nehmen. Und ich nehm' ja an sich auch nix, aber der Kantinenchef packt mir jeden Tag eins von den übrig gebliebenen Essen ein, damit ich abends was zum Futtern hab'. Wenn ich auffe Büroetage bin, dann krieg' ich das nicht mehr. Weißte, so'n Essen kann ich mir doch sonst überhaupt nicht leisten!«

Danach erklärte sie mir unter Tränen, dass sie gerade mal 210 Euro Rente erhalte und die 350 Euro Putzlohn von »Hechtling« dringend zusätzlich benötige. Sie beantragte aus Scham keine Grundsicherung, weil sie nicht wollte, dass ihre Kinder mitbekamen, wie wenig Geld sie hatte. Frau Kowalski schuftete sich lieber krumm und bucklig, statt das einzufordern, was ihr ohne Zweifel rechtlich gesehen zustand. Und das in einem Alter, in dem andere ihren Lebensabend auf Mallorca oder Gran Canaria genossen und sich die Sonne auf den Pelz scheinen ließen.

Auch Frau von Ichhabnix, wie sie sich selbst in einer Mischung aus Humor und Trotz nannte, hat sich tief in mein Gedächtnis eingegraben. Sie arbeitete als Altenpflegerin und pflegte später auch noch ihren Mann, einen einst selbstständigen Taxifahrer. Das machte sie über zehn Jahre hinweg so liebevoll und aufopfernd, wie man es sich nur vorstellen kann. Nachdem er gestorben war, musste sie, die ihr Lebtag in einem Seniorenheim malocht hatte, zum Sozialamt marschieren und Hilfe beantragen. Weil aber die Wohnung, die sie und ihr Gatte rund sechs Jahrzehnte bewohnt hatten, laut gesetzlicher Definition für die vollständige Bewilligung dummerweise 15 Quadratmeter zu groß war, hatte Frau von Ichhabnix nur die Wahl, ihr geliebtes Heim nach 60 Jahren zu verlassen. Oder ihre alte Wohnung als Vermögen gemäß §90SGB anrechnen zu lassen. Sie entschied sich für Letzteres – und muss nun mit 200 Euro pro Monat auskommen. Trotzdem hat sie ihr Lachen nicht verlernt; eine Eigenschaft, die ihr zusammen mit der sonstigen Lebensleistung eigentlich das Bundesverdienstkreuz einbringen müsste!

Ich erinnere mich auch an Olga, eine junge und bildhübsche Polin, die in ihrer Heimat studiert hatte und mit ihrem Mann wegen der besseren Perspektive nach Deutschland gekommen war, hier aber trotz aller Bemühungen keine anständige Anstellung fand. Sie hielt sich bei »Hechtling« mehr schlecht als recht über Wasser und verlor trotzdem nie ihre angeborene Heiterkeit. Stolz wie Bolle zeigte sie mir eines Tages ihren Mutterpass – und ahnte nicht, dass sie mit ihrer Schwangerschaft auch noch die Notlösung ihres Putz-Jobs zu verlieren drohte: Auch ihr Vertrag war natürlich wie die meisten anderen Arbeitspapiere inzwischen auf ein halbes Jahr befristet, und wenn sie das Dokument ihres Frauenarztes, über das sie so glücklich war, unseren Vorgesetzten vorgelegt hätte, dann war sonnenklar, dass sie keine Verlängerung mehr von der Firma angeboten bekommen würde. Ich konnte das gerade noch verhindern, und Olga erhielt noch ein Mal einen neuen Kontrakt. Nach diesen sechs Monaten aber war Schluss. Kein Vertrag, kein Mutterschutz – so einfach war das in derartigen Fällen.

Tja, auch Frau Kowalski, Frau von Ichhabnix, Olga und unzählige ähnliche Schicksale sind Deutschland – ein Land, das andererseits als reisefreudigstes Land der Welt gilt. Ein Land, in dem prozentual so viele Oberklasseautos verkauft werden wie nirgendwo sonst in Europa. Ein Land, in dem es mittlerweile 1,2 Millionen Millionäre gibt. Von all dem aber merken halt die meisten Menschen rein gar nix.

Das alles hatte ich im Hinterkopf, als ich auf dieser berühmt gewordenen »Gerechtigkeitskonferenz« neben Sigmar Gabriel stand. Anders als er und die meisten seiner hochrangigen Parteifreunde musste ich nicht lange überlegen, was das Schlagwort »Gerechtigkeit« für mich bedeutet. Und es machte mich stinkwütend zu sehen, wie das selbst die SPD seit vielen Jahren auslegte, die sich doch angeblich dieses Thema ganz oben auf die vermeintlich roten Fahnen geschrieben hatte. Natürlich wusste auch ich, dass die große Politik kein Wunschkonzert ist und dass sich eine Partei mit 12 500 Ortsvereinen, 350 Unterbezirken und Kreisverbänden, 20 Bezirken und Landesverbänden sowie einem oft uneinigen Spitzenpersonal nicht mal eben führen lässt wie ein Dackelzüchterverein mit 20 Mitgliedern. Aber immer nur davon zu reden, was man gerne machen würde, wenn nur die CDU nicht wäre, das war mir dann doch zu einfach.

Aber es war mir inzwischen ohnehin fast schon egal, welches Parteibuch ein Politiker besaß. Weder Herr Gabriel noch Frau Merkel oder irgendwer anders aus dieser Berliner Machtverteilerclique können sich heutzutage noch in Menschen hineindenken, die mit 700, 800 oder 900 Euro im Monat auskommen und davon alle Unkosten bezahlen müssen. Oder in die zigtausende Rentner, die nach einem langen und anstrengenden Berufsleben Pfandflaschen sammeln, um wenigstens ein Mal pro Woche etwas Warmes essen zu können. Oder in die vielen Scheinselbstständigen, die auf zahllosen Baustellen in Deutschland als Subunternehmer schuften und als so genannte Ich-AGs keinen Cent in die Rentenkasse einbezahlen und folglich im Alter auch keinen Cent daraus erhalten werden. Das alles sind für mich wahre Lebenskünstler, für die es streng genommen nur darum geht, ein Dach über dem Kopf zu haben und nicht hungrig ins Bett gehen zu müssen.

An eine private Vorsorge, wie es immer propagiert

wird, brauchen solche Leute angesichts ihrer Lohnabrechnung nicht einmal zu denken. Und wenn doch jemand mal die Zähne zusammenbeißt und es mit Müh und Not schafft, 50 Euro pro Monat abzuknapsen wie meine Freundin Petra, der darf irgendwann trotzdem feststellen, dass er davon unterm Strich rein gar nichts hat: Weil die Gute nämlich bei ihrer Rentenhöhe voraussichtlich nicht über die Grundsicherung hinauskommen wird, werden sämtliche privaten Vorsorgeleistungen darauf angerechnet. Da lachen am Ende nur die Versicherungsmakler, die mit diesem Quatsch ein Heidengeld machen. Der Fuffi aber, den Petra in jedem einzelnen Monat gut anderweitig gebrauchen könnte, der ist weg.

»Tja, du gewöhnst dir ab, Wünsche zu haben«, sagte sie immer nur zu mir, wenn wir uns über solche Dinge unterhielten, und ich wusste nur zu gut, was sie damit meinte. Wir lachten trotzdem beide dabei.

Leider fragte mich Gabriel damals auf dem Podium nicht, was ich alles ändern würde, wenn ich denn nur könnte. Es gab nämlich noch einige Dinge, die ich ihm um die Ohren hauen wollte – Dinge, die mir schon sehr lange auf der Seele brannten und für die ich mich immer mit Leidenschaft einsetzte. Aber unsere Zeit war zu Ende, bevor wir wirklich Tacheles reden konnten, so wie er es großspurig auf dem Weg zum Fahrstuhl angekündigt hatte. Das mit den Schwatten, das war doch Pillepalle!

Lieber hätte ich ihm erzählt, dass ich zuerst mal alle Extrawürste von unseren Beamten zusammenstreichen würde, für die alle anderen Arbeitnehmer in Deutschland statistisch gesehen sechs Jahre ihres Berufslebens mitbuckeln müssen. Warum beispielsweise betrug die Durchschnittspension eines Staatsdieners nach 40 Berufsjahren knapp 3000 Euro und die durchschnittliche Arbeitnehmerrente rund 1300 Euro nach 45 Jahren? Warum war schon die Mindestpension nach gerade mal fünf Dienstjahren bereits fast drei Mal so hoch wie die Grundsicherung? Warum erhielten Beamte zusätzlich zum normalen Kindergeld noch einen Ehegattenzuschlag von 133 Euro im Monat sowie einen Kinderzuschlag von 111 Euro für die ersten beiden Kinder und für weitere sogar noch mehr?

Nur zu gern wollte ich ihm erzählen, wie sich der erste Tag anfühlte, an dem auch ich keine gewöhnliche Angestellte mehr bei »Hechtling« war wie all die Jahre zuvor. Sondern eine Leiharbeiterin bei einer Personalservicegesellschaft, die von den Bossen gegründet worden war, weil sie vom Gesetzgeber die Handhabe für solch einen Schmu bekommen hatten.

Interessiert hätte mich auch, wie Gabriel den Bedarf von 150 000 zusätzlichen, bezahlbaren Wohnungen jährlich für junge Familien decken wollte. Spannend wäre auch gewesen, weshalb ein Sozialdemokrat, der als Wirtschaftsminister über 14 000 Euro erhielt und zusätzlich noch eine halbe Abgeordnetenpension von fast 4500 Euro einstrich, sich wegen eines Mindestlohnes von 8,50 Euro auf die Schultern klopfen ließ – einem Lohn, der bei einem normalen Vollzeitjob etwas mehr als 1200 Euro monatlich ergab, womit ein Alleinverdiener dann Frau und Kinder zu ernähren hatte.

Damit wir uns nicht falsch verstehen: Ich gönne dem Mann wirklich jeden Cent! Aber Sigmar Gabriel und die SPD ließen sich seit ein paar Jahren für die Durchsetzung eines Vorhabens feiern, das im internationalen Vergleich eine beinahe schäbige Summe für die Betroffenen bedeutet. Eine Summe, die uns zudem noch viele Jahre verfolgen wird, weil sich Erhöhungen kraft Gesetz, wenn überhaupt, nur alle zwei Jahre durchsetzen lassen und sich an der Tariflohnentwicklung in dieser Zeit orientieren müssen. Bis da alleine mal schlappe 10 Euro erreicht sind, sind die nächsten zehn Jahre um.

Im Übrigen liegen trotz der Einführung des Mindestlohns hier noch viele Dinge im Argen: Wenn die Politik dem Niedriglohnsektor tatsächlich ernsthaft den Garaus machen will, dann muss sie gefälligst das Klima für eine steigende Tarifbindung schaffen – also dafür sorgen, dass Tarifverträge wieder für eine ganze Branche gelten. Stattdessen ist es inzwischen aber so, dass solche Verträge häufig eben nicht mehr für allgemeinverbindlich erklärt und so die Voraussetzungen geschaffen werden, dass sich jedes Unternehmen seine eigenen Abmachungen zurechtbastelt. Freiwillig wird da kaum einer mehr zahlen als den Mindestlohn. Doch der ist und bleibt halt nur die absolute Untergrenze – ein karges Entgelt, das gerade so den Lebensunterhalt für einen Single sichern kann. Wer aber eine Familie hat oder in Städten wie Hamburg, München oder Stuttgart eine Wohnung mieten muss, der wird trotz Mindestlohn schnell zum Aufstocker.

Und auch mit der Einhaltung des Mindestlohnes war das so eine Sache. Ich erinnere mich noch gut an den älteren Herrn, der bei einer meiner Fernsehauftritte als mein Fahrer eingeteilt war. Mir war dieser Luxus hochunangenehm, denn ich hätte mir natürlich ohne weiteres auch ein Taxi vom Hotel zum Studio und zurück genommen. Aber bei ARD und ZDF war es offenbar üblich, dass die Gäste herumchauffiert wurden wie ein Minister auf Staatsbesuch. Damit hörte die schöne mediale Glitzer-Fassade aber auch schon wieder auf. Denn bei meinem Gespräch mit dem netten Mann, der sich mit dem Fahrjob ein paar dringend benötigte Euro dazuverdiente, stellte sich heraus, dass der arme Kerl für den gesamten Abend, an dem er mich gegen 19 Uhr abgeholt und kurz nach 1 wieder zurückgebracht hatte, läppische 60 Euro bekam. Vorher musste er jedoch noch den Wagen aus dem Depot abholen und in der Nacht logischerweise noch zurückbringen. Unterm Strich ergab das allenfalls einen Stundenlohn von 7 Euro, was selbst von den mickrigen 8,50, auf die Gabriel so stolz war, deutlich entfernt war – und das entsprach der Praxis beim öffentlich-rechtlichen Rundfunk, wohlgemerkt.

Wenn man dort etwas tiefer bohrt, was ich jedes Mal bei meinen persönlichen Berührungspunkten mit den Medien auch tat, stellt man schnell fest, dass auch diese Institutionen die Menschen nach Strich und Faden ausbeuten. Ich traf kaum einen Kameramann, kaum einen Tontechniker und Kabelträger, der noch einen festen Arbeitsvertrag in der Tasche hatte. Alle waren als freie Mitarbeiter angestellt, sodass sich die Verantwortlichen in den Personalabteilungen der Sendeanstalten einen schlanken Fuß machen konnten, was ihre arbeitsrechtlichen Verpflichtungen anging. Aber Hauptsache, man kann jede Menge Sendungen ausstrahlen, in denen man sich über die Ungerechtigkeiten in Deutschland aufregt. Hinter den Kulissen ging es genauso diskriminierend zu wie anderswo auch.

Davon abgesehen vermute ich einfach mal, dass sich Herr Gabriel auch nicht damit auseinandersetzt, was ein Liter Benzin gerade kostet oder eine Kilowattstunde Strom. Wahrscheinlich befinden sich im Gegensatz zu mir in seinem Bekanntenkreis auch keine Familien, die sich bis Mitte Dezember in ihrer unsanierten Altbauwohnung lieber in eine Wolldecke einmummeln, anstatt endlich die Heizung aufzudrehen, nur damit die übliche Nachforderung des Energieversorgers im nächsten Jahr nicht wieder dazu führt, dass sie sich noch weiter verschulden müssen.

Wir hatten auch kein Job-Wunder in Deutschland, denn in der Statistik fehlen so viele Menschen zweiter Klasse, die krank sind, in Umschulungsmaßnahmen stecken, aufstocken, in Zeitarbeitsverträgen festsaßen oder zwangsverrentet wurden.

Auch die Flüchtlingsfrage hätte ich gerne noch besprochen, denn die über eine Million Menschen, die wir in den letzten beiden Jahren bei uns aufgenommen haben, werden nun auf den Wohnungsmarkt drängen. Und sie müssen ja auch sonst in unsere Gesellschaft integriert werden, wenn wir nicht die Probleme vervielfältigen wollen, die wir überall dort bereits haben, wo wir schon mal dachten, dass sich das alles mit Schule und Sprache und Arbeitsplätzen schon irgendwie von selber lösen wird. Diese Politik trieb doch die Wähler geradezu in die Hände von Protestparteien wie der AfD.

Aber zu all dem kamen wir leider nicht. Auch nicht ein paar Monate nach meinem Auftritt in Berlin, als ich Sigmar Gabriel noch einmal traf: Im Rahmen einer kurzen Tour durchs Ruhrgebiet machte er bei uns in Gelsenkirchen Station. Auch ich war zur Gesprächsrunde im »Wissenschaftspark« eingeladen, und dieses Mal warteten viele Journalisten regelrecht darauf, dass wir wieder aneinandergerieten. Wir kabbelten uns kurz wegen CETA und TTIP, aber um ehrlich zu sein, hatte ich gar keinen Bock mehr, mich erneut groß mit ihm anzulegen oder ihm an den Karren zu fahren. Ansonsten ignorierte er mich und gab mir weder vor noch nach dem Gespräch die Hand, was mich ein bisschen wütend machte, denn ich empfand dieses Verhalten einfach als respektlos mir gegenüber. Auf Schlagzeilen aber konnte ich getrost verzichten, denn meine eigentliche Botschaft war eine andere: Wenn wir wirklich etwas ändern wollen in diesem Land, dann muss das von uns selbst kommen! Wir müssen uns wieder stärker engagieren, öfter den Mund aufmachen, gezielter nachfragen, ruhig auch mehr demonstrieren! Nur dann werden wir es schaffen, dass die da oben irgendwann zum Handeln gezwungen werden.

Allerdings hat diese Sache einen gewaltigen Haken, der mir in den letzten Jahren immer schmerzhafter klar wurde: Ich konnte mich nur deshalb so weit aus dem Fenster lehnen und mich bei der IG BAU für meine Mädels einsetzen, weil ich das Glück hatte, stets einen unbefristeten Arbeitsvertrag zu besitzen. Wer aber – wie inzwischen über 8 Prozent aller Arbeitnehmerinnen und Arbeitnehmer über 25 und beinahe jede zweite Neueinstellung – mit einer wie auch immer aussehenden Befristung zurecht kommen muss, der bekommt nicht nur keinen Kredit auf der Bank oder hat keinen Mutterschutz. Auch der besondere Kündigungsschutz für Betriebsratsmitglieder greift in diesen Fällen nicht. Da ist es nur allzu verständlich, dass auch die Gewerkschaften in den vergangenen Jahren einen dramatischen Mitgliederschwund zu verzeichnen hatten, während die Zahl der befristeten Verträge sich seit den neunziger Jahren um mehr als die Hälfte gesteigert hat. Diese Leute können ja gar nicht wie ich früher knallhart mit den Chefs verhandeln und für sich und vor allem die Kollegen kämpfen.

Nun schmerzt es mich ein bisschen, dass ich bei diesem Kampf nicht mehr besonders lange mitmachen kann: Meine Krebserkrankung ist inzwischen leider weit fortgeschritten, und ich weiß, dass meine Zeit, in der ich noch die Mächtigen ärgern darf, sehr begrenzt ist. Aber vielleicht hilft dieses Buch ja manchen Menschen dabei, über einige Ungerechtigkeiten etwas intensiver nachzudenken. Und wenn es anderen Leuten wiederum sogar ein wenig Mut macht, weil eine Frau, die eigentlich immer nur saubermachen musste, dennoch ein bisschen Staub aufwirbeln konnte, dann ist das auch kein Schaden.

Schön wäre auch, wenn wir wieder ein bisschen mehr Respekt voreinander hätten. Gerade die Menschen im Niedriglohnsektor haben es verdient, dass man ihnen mit etwas mehr Anerkennung und Achtung begegnet. Als ich neulich auf einer Veranstaltung mit sehr vornehmen Menschen eingeladen war und währenddessen auf die Toilette musste, gingen bestimmt 10, 15 Leute vor mir aus dem Klo – ohne dem jungen Mädchen, das dort für makellose Sauberkeit sorgte, ein paar Cent auf den Trinkgeldteller zu legen. Ich war mir auch sicher, dass sich keiner der Damen und Herren in ihren teuren Kostümen und Anzügen auch nur fünf Minuten später an das Gesicht dieser hübschen Frau erinnerte. Sie war für die meisten halt nur die Klofrau.

Natürlich gräme ich mich manchmal, dass ich mir selber nicht mehr geleistet und stattdessen jeden Cent eisern weggespart habe, bloß um im Alter keine Miete zahlen zu müssen oder neben meiner kleinen Rente einen Notgroschen zu besitzen. Vielleicht wäre ja stattdessen ein toller Urlaub pro Jahr drin gewesen – in Spanien zum Beispiel, in Italien oder sogar irgendwann in Schottland, meinem Traumziel, das ich immer mal besuchen wollte. Und ein bisschen ärgere ich mich auch, dass Papa Staat ein so gutes Geschäft mit mir gemacht hat, wenn ich all meine Steuern und Abgaben der letzten 36 Jahre zusammenzähle und daran denke, wie viel ich ihm spare, weil ich voraussichtlich nicht mal 65 werde.

Aber es bringt auch nichts, sich jetzt noch darüber aufzuregen. Dass ich weder meine Mietfreiheit noch meine Rente werde genießen können und dass das mit Schottland vermutlich auch nix mehr wird – das konnte ich schließlich nicht wissen. Es ist, wie es ist, und unterm

Strich war es auch insgesamt gesehen gut so. Statt also den ganzen Tag nur zu jammern und mit dem Schicksal zu hadern, halte ich mich lieber an einen Satz meiner Omma. Sie war eine einfache und lebenskluge Frau und gab mir Folgendes mit auf den Weg: »Mädel, wennste für jeden Finger anner Hand 'nen Anderen benennen kannst, der dir hilft, wenn's dir richtig dreckig geht, dann biste 'n reicher Mensch.«

Wenn ich nun auf meine geschundenen Hände gucke und meine persönlichen Helfer nachzähle, dann liege ich da sogar ein paar Finger drüber: Ich habe meine wunderbare Familie, einige tolle Freunde und ein paar prima Kollegen, auf die ich mich hundertprozentig verlassen konnte und auch weiterhin kann, bis zum allerletzten Tag. Also bin ich, wenn ich mich eher früher als später für immer von hier verabschiede, doch ein sehr, sehr reicher Mensch gewesen. Und das von sich behaupten zu können, dat is' doch 'ne ganze Menge für eine Putzfrau.